Como Agradar um Taurino

Mary English

Como Agradar
um Taurino

Orientações da Vida Real para Relacionar-se
Bem e Ser Amigo do Segundo Signo do Zodíaco

Tradução:
MARCELLO BORGES

Editora Pensamento
SÃO PAULO

Título original: *How to Satisfy a Taurus*.

Copyright do texto © 2013 Mary L. English.
Publicado originalmente no RU por O-Books, uma divisão da John Hunt Publishing Ltd., The Bothy, Deershot Lodge, Park Lane, Ropley, Hants, SO24 0BE, UK.
Publicado mediante acordo com O-Books.
Copyright da edição brasileira © 2014 Editora Pensamento-Cultrix Ltda.

Texto de acordo com as novas regras ortográficas da língua portuguesa.

1ª edição 2014.

Todos os direitos reservados. Nenhuma parte deste livro pode ser reproduzida ou usada de qualquer forma ou por qualquer meio, eletrônico ou mecânico, inclusive fotocópias, gravações ou sistema de armazenamento em banco de dados, sem permissão por escrito, exceto nos casos de trechos curtos citados em resenhas críticas ou artigos de revista.

A Editora Pensamento não se responsabiliza por eventuais mudanças ocorridas nos endereços convencionais ou eletrônicos citados neste livro

Editor: Adilson Silva Ramachandra
Editora de texto: Denise de C. Rocha Delela
Coordenação editorial: Roseli de S. Ferraz
Preparação de originais: Marta Almeida de Sá
Produção editorial: Indiara Faria Kayo
Editoração eletrônica: Join Bureau
Revisão: Vivian Miwa Matsushita

Dados Internacionais de Catalogação na Publicação (CIP)
(Câmara Brasileira do Livro, SP, Brasil)

English, Mary
 Como agradar um Taurino : orientações da vida real para relacionar-se bem e ser amigo do segundo signo do zodíaco / Mary English ; tradução Marcello Borges. – 1. ed. – São Paulo: Pensamento, 2014.

 Título original: How to satisfy a Taurus.
 ISBN 978-85-315-1876-8

 1. Astrologia 2. Zodíaco I. Título.

14-06533 CDD-133.52

Índices para catálogo sistemático:
1. Signos do Zodíaco : Astrologia   133.52

Direitos de tradução para a língua portuguesa adquiridos com exclusividade pela
EDITORA PENSAMENTO-CULTRIX LTDA., que se reserva a
propriedade literária desta tradução.
Rua Dr. Mário Vicente, 368 – 04270-000 – São Paulo – SP
Fone: (11) 2066-9000 – Fax: (11) 2066-9008
http://www.editorapensamento.com.br
E-mail: atendimento@editorapensamento.com.br
Foi feito o depósito legal.

Este livro é dedicado a
meu amável enteado Steve
e
ao meu maravilhoso marido Jonathan.
Vocês são os verdadeiros amores da minha alma,
e nosso amor não conhece limites.

♉ Sumário ♉

Agradecimentos 9

Introdução 11

1 O signo 19
2 Como montar um mapa astral 42
3 O ascendente 46
4 A lua 55
5 As casas 68
6 As dificuldades 77
7 As soluções 84
8 Táticas para agradar 96

Informações sobre mapas astrais e
dados de nascimento 125

Informações adicionais 129

Notas 131

☿ Agradecimentos ☿

Gostaria de agradecer às seguintes pessoas:

Meu filho, por ser o libriano que sempre me faz enxergar o outro lado.

Mabel, Jessica e Usha, por sua ajuda homeopática e sua compreensão.

Laura e Mandy, por sua amizade.

Donna Cunningham, por sua ajuda e seus conselhos.

Judy Hall, por sua inspiração.

Alois Treindl, por ser o pisciano que fundou o maravilhoso site Astro.com.

Judy Ramsell Howard, do Bach Centre, por seu estímulo.

John, meu editor, por ser a pessoa que lutou com unhas e dentes para que este livro fosse publicado, e toda a equipe da O-Books, inclusive Stuart, Trevor, Kate, Catherine, Maria M e Maria B, Nick, Molly e Mary.

Agradecimentos especiais a Mary e a Oksana, por seus sempre bem-vindos olhares editoriais.

E finalmente, mas não menos importantes, meus adoráveis clientes, por suas valiosas contribuições.

♉ Introdução ♉

Há dias em que penso que vou morrer
de uma overdose de satisfação.
– Salvador Dalí

Adoro essa frase do taurino Salvador Dalí. Acho que ele sabia que um dia eu iria escrever sobre seu signo solar!

Quando contei a meus amigos que estava escrevendo um livro sobre Touro, recebi alguns e-mails engraçados. Eis o que me disse uma senhora pisciana chamada Romana:

"Olá, Mary,
Estou casada com um taurino duplo (Sol e Lua) há vinte anos e parece que tive uma série de namorados taurinos antes disso!
Como agradar um taurino?
Fácil!
Sexo e comida – em quantidade.
Confortos pessoais, brinquedos de qualidade (equipamento de som de alta qualidade, telefone celular avançado, essas coisas).
Muitos elogios e contato físico e emocional."

Olhe só! Em resumo, é isso! Agora, não preciso escrever o livro... preciso?

Este livro é o penúltimo de uma série de doze que comecei quando descobri que meu signo não parecia ser bem compreendido pelo público em geral. Uma espécie de "Manual do Usuário".

Quando acabei de escrever o livro sobre Peixes, meus amigos e familiares me perguntaram quando eu ia escrever sobre o signo "deles", e cá estou eu, retrocedendo pelo Zodíaco, no qual Touro é o segundo signo.

Também sou casada com um taurino, mas nunca tive um namorado ou um grande amigo taurino antes de conhecer meu marido. Para dizer a verdade, conhecia pouquíssimos taurinos antes de me mudar para o oeste da Inglaterra, onde moro agora. Minha homeopata é taurina e tornou-se uma ótima amiga; além disso, como trabalho do lado dela, ela me ensinou muito sobre esse signo. Por isso, posso dizer tranquilamente que estou escrevendo este livro com base em experiência pessoal, não apenas no meu conhecimento astrológico.

Lembro que tive uma queda por um rapaz taurino na adolescência. Minha mãe também gostava dele. Ele era muito popular com as mulheres. Era amigo de minha irmã mais velha, que gostava bastante dele, mas acho que, na verdade, ele era mais amigo de meu irmão. Não me lembro bem agora. Lembro-me mais de seus modos gentis, seu gosto impecável e de sua boa aparência, que era evidente. Ele também tinha a capacidade de me escutar quando eu falava... e, naquela época, eu falava bastante!

Ele começou a namorar logo depois que nos afastamos, e minha irmã ficou profundamente abalada quando a namorada nova dele insistiu para que ele se afastasse dela. Minha irmã

♉ Introdução ♉

nunca o perdoou por isso, pois para um aquariano as amizades são algo essencial, como respirar, e interromper o relacionamento foi algo muito perturbador.

Uma coisa é certa. Se estiver namorando uma pessoa de Touro, assuma logo o relacionamento, pois taurinos raramente se divorciam ou namoram mais de uma pessoa ao mesmo tempo.

Se você entrar num site de relacionamentos, a proporção de homens de Gêmeos e de Peixes com relação aos de Touro será de 80:20, pois Gêmeos e Peixes são o que chamamos de signos "mutáveis", que precisam de mudança. Touro é um signo "fixo", que *não gosta* de mudanças. E também é um signo que talvez receie a mudança, mas vamos conhecer melhor essa tendência ao longo do livro.

A Astrologia tem uma história muito antiga e fascinante. Antes de estudar o signo de Touro, precisamos saber um pouco mais sobre a origem da Astrologia e sua seu contexto atual.

Não foram muitas as mudanças desde suas origens. Os símbolos que usamos e o modo como um mapa astral é calculado ainda são os mesmos, assim como eram quando os babilônios olharam para o céu pela primeira vez e viram uma correlação entre o movimento dos planetas e a nossa vida na Terra.

"Assim em cima como embaixo" – este ainda é nosso mantra preferido. Porém a Astrologia não é um substituto para a religião, embora muitos dos deuses dos quais falamos tenham sido venerados no passado. Hoje, a Astrologia é mais uma forma de explicar nossa vida aleatória e sem sentido na Terra, dando-lhe um *significado*.

O historiador Christopher McIntosh fala dos sacerdotes da antiga Babilônia em seu livro *The Astrologers and Their Creed*:

Os sacerdotes desse reino fizeram a descoberta que se tornou o que chamamos hoje de astronomia e de sistema zodiacal dos planetas, o que hoje chamamos de astrologia. Durante muitas gerações, eles observaram e registraram meticulosamente os movimentos dos corpos celestes. Finalmente descobriram, graças a cálculos minuciosos, que, além do Sol e da Lua, outros cinco planetas visíveis se moviam em direções específicas pelo céu. Eram os planetas que hoje chamamos de Mercúrio, Vênus, Marte, Júpiter e Saturno.

Os sacerdotes viviam reclusos em mosteiros adjacentes a enormes torres piramidais de observação chamadas de zigurates. Todos os dias, eles observavam o movimento dos planetas e anotavam fenômenos terrestres correspondentes, como inundações e rebeliões. Chegaram à conclusão de que as leis que governavam os movimentos das estrelas e dos planetas também governavam eventos na Terra.

No princípio, as estrelas e os planetas eram considerados deuses de verdade. Mais tarde, quando a religião ficou mais sofisticada, as duas ideias foram separadas e desenvolveu-se a crença de que o deus "governava" o planeta correspondente.

Gradualmente, foi se formando um sistema altamente complexo no qual se atribuía um conjunto específico de propriedades a cada planeta. Esse sistema foi desenvolvido em parte por meio dos relatórios dos sacerdotes e em parte por conta das características naturais dos planetas. Viram que Marte tinha a cor vermelha e por isso identificaram-no com o deus Nergal, o ígneo deus da guerra e da destruição.

Vênus, identificado pelos sumérios como sendo sua deusa Inanna, destacava-se pela manhã, dando à luz o dia, por assim

Introdução

dizer. Por isso, tornou-se o planeta associado às qualidades femininas do amor, da gentileza e da reprodução.[1]

Mais tarde, a Astrologia atravessou o oceano e chegou à Grécia, ao Egito, a Roma, na Itália, e depois ao resto da Europa, mudando muito pouco o seu significado e sua mensagem nessa época. Os primeiros astrólogos precisavam saber ler e escrever e realizar difíceis cálculos matemáticos para localizar os planetas, o que os computadores fazem hoje com facilidade. Você não vai precisar fazer nada muito difícil para montar os mapas astrais que estudaremos neste livro.

Gostaria de fazer algumas distinções entre o que é a Astrologia e o que ela não é. Muita gente parece pensar que a Astrologia trata apenas de predição, como se tudo que os astrólogos fizessem o dia inteiro fosse "espiar o futuro". Isso não é totalmente correto. Há astrólogos de todos os tipos, assim como há pessoas de todos os tipos. Alguns astrólogos interessam-se pela história da Astrologia. Outros se dedicam ao aconselhamento, ou à orientação em negócios, ou, como eu, publicam colunas sobre signos solares. Alguns usam a Astrologia para fazer análise da personalidade. Outros se interessam por psicologia, saúde, relacionamentos ou política, mas em sua maioria estão interessados nos "porquês" da vida, nas motivações. Estão interessados no *significado* da vida.

Princípios Básicos

Quando falamos sobre signos solares, estamos nos referindo ao signo que o Sol (aquela grande bola de chamas) ocupava no dia em que a pessoa nasceu. No entanto a Astrologia não trata apenas do Sol. Além da Lua e do Sol, há pelo menos outros nove corpos celestes no céu que observamos e cujas órbitas ao redor do Sol acompanhamos: Mercúrio, Vênus, Marte, Júpiter, Saturno e os três planetas descobertos mais recentemente, Urano, Netuno e Plutão, sobre os quais falei em meus livros *Como se Relacionar com um Aquariano*, *Como Sobreviver a um Pisciano* e *Como Conquistar a Confiança de um Escorpiano*, respectivamente.

Os planetas são aquelas coisas que se movem no céu, pois, como nós, giram em torno do Sol; nós os chamamos de Sistema Solar (do Sol).

As estrelas, que são os corpos reluzentes que vemos à noite, não se movem, formando um pano de fundo para o céu noturno. Originalmente, os planetas se moviam tendo ao fundo determinadas estrelas, como uma cortina, mas hoje, em virtude de algo que chamamos de "precessão dos equinócios", as estrelas e os planetas não se alinham mais da mesma maneira.

Assim, um astrônomo pode dizer que você é um pisciano, e nós podemos dizer que você é de outro signo, pois tudo se deslocou. Há até astrólogos que ainda usam as estrelas como pano de fundo. São chamados de astrólogos siderais, e usam datas diferentes daquelas utilizadas na Astrologia ocidental.

Sou o que chamam de astróloga tropical, pois divido o ano em estações – mas não se preocupe, vamos aprender a montar um mapa da maneira mais fácil, deixando as coisas complicadas para os outros.

A Astrologia e a Astronomia já foram a mesma ciência, mas se afastaram. Ainda usamos dados astronômicos para calcular um mapa astral, mas a diferença entre os astrônomos e nós é o *significado* atribuído às posições planetárias.

♉ Introdução ♉

Como diz Nicholas Campion, "As descrições de caráter da astrologia formam o mais antigo modelo psicológico do mundo... que ainda é a forma mais conhecida de análise da personalidade".

Portanto espero que, depois de ler este pequeno livro, você aprenda não apenas como agradar um taurino,* mas também a conhecer sua personalidade e o *motivo* pelo qual a satisfação é tão importante para eles.

– Mary English
Bath, 2012

---

* Para evitar flexões de gênero que tornam a leitura incômoda, como meu(minha), o(a), etc. mantive o gênero inflexível, exceto em casos específicos. (N. do T.)

Capítulo 1

♉ O signo ♉

Touro é o segundo signo do Zodíaco, representado pelo animal homônimo. As datas que costumam limitar Touro são 21 de abril e 20 de maio. Disse "costumam" porque depende do lugar e do horário em que nasceu o seu taurino.

Como dividimos o céu em doze porções iguais, nossas divisões celestes nem sempre se alinham com a forma como nosso calendário é calculado. Como você deve imaginar, a forma como o calendário divide os dias não se ajusta totalmente à nossa órbita em torno do Sol, motivo pelo qual temos os anos bissextos.

A Astrologia cuida de nossa órbita no espaço e de como o Sol se apresenta para nós aqui na Terra e não daquilo que poderia ser escrito num calendário, e por esse motivo os signos podem mudar tarde da noite ou no início da manhã. Esses dados estão registrados no website que vamos utilizar no próximo capítulo.

Cada signo do Zodíaco tem um planeta que cuida dele. Nós o chamamos de "regente". O planeta que rege Touro é Vênus, originalmente chamado de deusa Inanna pelos babilônios.

A Deusa Inanna

A deusa Inanna era uma das versões primitivas do que hoje chamamos Vênus no Ocidente. Recebeu seu nome do planeta que os babilônios viam se erguer e se pôr no céu.

Eis o que Nicholas Campion disse sobre Vênus em seu livro *The Dawn of Astrology*:

> O planeta oscila entre a luminosa estrela da manhã, erguendo-se antes do sol, e uma estrela noturna igualmente notável, aparecendo após o crepúsculo... Seja como estrela da manhã, seja como estrela noturna, na sua distância máxima do sol, há breves momentos em que Vênus aparece como a única estrela visível no céu, dominando o firmamento como um ponto brilhante de luz. Esses períodos são separados por 584 dias, e cinco ciclos de 584 dias de Vênus se completam exatamente em oito anos, uma observação que foi registrada desde o terceiro milênio no uso de uma estrela de oito pontas como o emblema de Inanna.[2]

E eis o que Diane Wolkstein (uma escorpiana) fala sobre origens da deusa, em *Inanna, Queen of Heaven and Earth: Her Stories and Hymns from Sumer*:

> O nome de Inanna significa "Rainha do Céu", e ela era chamada tanto a Primeira Filha da Lua e da Manhã como Estrela da Noite (o planeta Vênus). Além disso, na mitologia suméria, ela era conhecida como Rainha do Céu e da Terra, e era responsável pelo crescimento das plantas e dos animais, e pela fertilidade da humanidade. Depois, em função de sua viagem ao mundo inferior, ela assumiu os poderes e mistérios da morte e do renascimento.[3]

♉ O signo ♉

Com o progresso da Astrologia pelo mundo, ela passou por Roma, e lá o nome do planeta mudou para Vênus, que é como tem sido chamado desde então.

A Astronomia de Vênus, o Planeta Quente

Vênus é luminoso o suficiente para ser visto da Terra a olho nu. Como a Lua, passa por mudanças de fase, parecendo uma luz brilhante iluminada pelo Sol, até uma crescente maior, quando se aproxima de nós, com parte da face oculta.

"Sua superfície é duas vezes mais quente que o forno de sua cozinha, dia e noite a 462 °C. É o planeta mais próximo da Terra, e é semelhante a ela em tamanho."[4]

Os astrônomos não chamam a Lua de planeta; chamam-na de satélite ou de corpo celeste... isso me parece tolice, mas na Astrologia chamamos de planeta *todos* os objetos que usamos, e às vezes os astrólogos chamam o Sol (que tecnicamente é uma estrela) e a Lua de "luzes" ou "luminares": corpos que naturalmente produzem luz.

Como a Terra, Vênus também é constituído de pedra, mas seu clima "fugiu do controle".[5]

Ele é cercado por uma densa camada de nuvens, e sob essas nuvens a sonda russa *Venera 7* pousou em 1970, descobrindo as temperaturas extremamente quentes da superfície do planeta. Outras missões e sondas enviaram informações, mas foi só em 1990 que uma nave dos Estados Unidos chamada *Magellan* orbitou com radares que penetram as nuvens e descobriu que a superfície é totalmente seca, com evidência de erupções vulcânicas.

De vez em quando, a órbita de Vênus faz com que o planeta passe sobre o Sol, como se fosse um minieclipse. Ele não consegue bloquear o Sol como a Lua, pois está mais distante de nós e deixa apenas uma marca escura quando se olha para o Sol (o que não recomendo, pois isso é perigoso para os olhos; é preciso usar lentes especiais).

A última vez que isso aconteceu foi em junho de 2004. A próxima visita será em 2117, uma espera bem longa, e eu não estarei aqui para ver isso!

Vênus, a Deusa do Amor

Venus salutes him with this fair good-morrow:
"O thou clear god, and patron of all light,
From whom each lamp and shining star doth borrow
The beauteous influence that makes him bright,
There lives a son that suck'd an earthly mother,
May lend thee light, as thou dost lend to other."*
– Shakespeare, *"Venus e Adônis"*[6]

Quando a Astrologia passou pela Grécia, os nomes gregos originais de Vênus baseavam-se apenas em sua aparição no céu: "Arauto da Aurora" ou "Arauto da Luz", e às vezes "Estrela da Noite", pois as pessoas viam o planeta no começo do dia e, com sua órbita, ele se tornava visível novamente no começo da noite. Eles chamavam a deusa do amor de Afrodite.

---

* Vênus o saúda com esta bela reverência:/"Ó tu, deus claro e patrono de toda a luz,/Do qual toda lâmpada e estrela reluzente tomam por empréstimo/A bela influência que lhes faz brilhar,/Há um filho que se amamentou na mãe terrena,/Concede-lhe luz, como fizeste com os demais."

♉ O signo ♉

Depois, quando a Astrologia chegou a Roma, chamaram-na de Vênus, a Deusa do Amor. Ela era a amante de Adônis, companheira ideal de Eros, o deus alado, e, só para complicar as coisas, foi flagrada na cama com Marte, embora fosse casada com o deus Vulcano. Algumas coisas não mudam nunca!

Vênus e a Astrologia

Vênus não mudou muito de significado desde a época da Babilônia. Nicholas Campion conta como os talismãs eram feitos no século XIII:

> Um talismã venusiano, que pode ser produzido para favorecer um assunto amoroso ou aplacar uma febre, devia ser feito de cobre, o metal de Vênus, numa sexta-feira (dia de Vênus), após a aurora (a primeira casa da sexta-feira era regida por Vênus), quando Vênus estivesse num signo simpático do zodíaco, como Touro ou Libra (os signos que Vênus rege), formando bons aspectos com outros planetas. Um talismã para assegurar o amor permanente deveria seguir estas instruções:
>
> "Faça dois talismãs num ascendente para boa sorte quando a Lua e Vênus estiverem em Touro"... como são poucos os dias do ano em que tanto Vênus quanto a lua estão em Touro, era preciso ter paciência.[7]

Esta é a palavra-chave para Touro: paciência, mas vamos falar dela mais adiante...

Colin Evans descreve Vênus como um indicador do "senso de beleza e das afeições, da vida amorosa, do gosto artístico".[8]

Essas também são características taurinas, especialmente o senso de beleza e o gosto artístico.

A Posição de outros astrólogos sobre Touro

E o que os outros astrólogos têm a dizer sobre Touro? Como descrevem as características desse signo?

Primeiro, vamos ver o que disse uma astróloga contemporânea, antes de verificar o que disseram os astrólogos do passado.

Nina é astróloga e trabalha e mora em Londres, na Inglaterra. Fiz-lhe algumas perguntas sobre seu signo.

O que a faz feliz?

"Caminhar com meu companheiro pelo campo, por meu pedacinho de terra, plantar e cozinhar, compartilhar uma boa refeição com amigos ou familiares, comida deliciosa, afagar e segurar meu gato, aninhar-me, costurar, olhar as estrelas, ajudar os outros e cuidar deles, meu trabalho como astróloga e hipnoterapeuta. Não estão em ordem de importância, embora eu creia que as duas primeiras são as que me conectam melhor com a paz e a alegria."

Qual a sua definição de uma boa refeição – preço, sabor, local – coisas assim?

"Uma comida deliciosa num ambiente acolhedor; a comida precisa ser preparada com carinho, e por isso prefiro restaurantes nos quais o gado foi criado solto; do contrário, sou vegetariana."

Que importância você atribui à sua vida sexual (numa escala de 1 a 10, sendo 10 alta e 1 baixa)?

☿ O signo ☿

"8."
Como você se sente quando quebra alguma coisa, ou alguma coisa sua é danificada ou some? Por favor, dê um exemplo.

"Sou boa amiga de alguns itens. Ainda uso roupas que usava na adolescência. Não tenho problemas para me livrar de coisas que não são úteis. Sou bem apegada a alguns objetos que uso. Costumo dar nome a certos aparelhos. Neste ano, tivemos de trocar a lava--louças. Ficamos com ela durante doze anos. Tive de me despedir adequadamente, agradecendo-a por todos os seus bons serviços, e uma lágrima apareceu no canto do meu olho. Parece bobagem, mas ela cuidou de mim por um bom tempo! O pior foi a perda de meu laptop. Dependo do meu laptop para todos os aspectos do meu trabalho. Comunicações, cálculo de mapas, gravação de leituras, edição e gravação de programas de rádio, gravações de hipnoterapia para meus clientes etc. Perdê-lo foi como perder meu escritório. Ainda não consegui superar a perda, embora já tenha me apegado igualmente ao novo laptop. É meu sócio no trabalho!"

Isso pareceu bem claro. Vamos perguntar a Colin Evans, editor do *The New Waites Compendium of Natal Astrology*, de 1971:

As pessoas de Touro são práticas, seguras, trabalhadoras, reservadas, sigilosas, têm metas fixas e têm, como regra geral, mais vitalidade mental e física do que os nativos dos outros signos. Por serem extremamente voluntariosas, podem ser lideradas, mas não impelidas. Os taurinos são os artífices, os construtores, aqueles que fazem e modelam coisas. São avessos às mudanças, não são muito adaptáveis...[9]

Vamos ver o que disse Caroline Casey em seu livro *Making the Gods Work for You*, de 1998:

> Quando a abelha zumbe por campos cada vez mais fragrantes, Vênus encarna, fazendo de Touro o signo mais inteligente em termos sensuais dentre todos os signos. Sabor, textura, cor, música – tudo isso nutre o taurino, que sabe que é possível sofrer tanto de privação estética quanto calórica.[10]

Essa parece ser uma posição um pouco mais equilibrada.

Vamos conhecer o que diz Bil Tierney em seu *All Around the Zodiac: Exploring Astrology's Twelve Signs*. Ele conta algumas coisas sobre Touro:

> ... a fama do taurino de ser preguiçoso é exagerada, e sua "lentidão", em particular, pode ser considerada indesejável (como um dia no escritório que não termina nunca)... Touro é um signo fixo de Terra, sugerindo uma dose dupla de estabilidade... A matéria é sólida e previsível, o que agrada Touro, um signo que precisa se sentir seguro e rodeado por limites protetores e até permanentes.[11]

Eis o que dizem Felix Lyle e Brian Aspland em seu livro *The Instant Astrologer*: "Constante, paciente, estável, metódico, ponderado, teimoso, produtivo, passivo, contido, afetuoso, possessivo, sensual, satisfeito consigo mesmo, generoso, ávido".[12]

É uma lista de atributos bem longa, que vai do positivo ao negativo.

O ditado "Devagar se vai ao longe" pode ter sido inventado para descrever a postura taurina diante da vida. Talvez esse signo não seja rápido e adaptável, mas o que lhe falta em velocidade sobra em completude, pois ele deixa poucas coisas ao acaso. Eis o que diz Rae Orion em seu *Astrology for Dummies*:

> Metas concretas fazem muito sentido para você, que se dedica a elas com discreta persistência. Como você tem uma forte necessidade de segurança, tanto emocional quanto financeira, tende a fazer escolhas cautelosas. O dinheiro é importante para você, porém sua criatividade é grande e é boa a chance de mostrar talento na arte ou na música.[13]

OK, estamos compreendendo esse signo um pouco melhor. Creio que deveríamos usar as seguintes palavras-chave para descrever Touro com precisão: Firme/Constante/Paciente, Duradouro/Permanente, Sensual, Prático, Criativo.

Firme/Constante/Paciente

Meu dicionário define "firme" como "constante, inalterável", e é nesses atributos que o taurino se destaca. Embora o geminiano possa mudar ou o virginiano possa querer levar em conta mais de uma opção antes de se decidir, o taurino vai abordar a vida de maneira firme e inalterável. Por um lado, ele pode parecer entediante ou sem imaginação para signos mais ágeis, mas, por outro, sem essa constância, o mundo viraria um caos. É preciso que alguém se mantenha centrado e "aterrado".

O taurino Stevie Wonder compôs uma música chamada "Edge of Eternity", e nela há uma frase importante: ele diz que quando a mulher que ele ama estiver pronta, "mantendo-se firme e forte", ele estará na vida dela, o que descreve muito bem o comprometimento do taurino com as coisas estáveis.

Os taurinos têm ainda uma grande capacidade de esperar pelas coisas. Esperar mesmo. Meu nível de paciência deve ser menos 100, e por isso não consigo entender muito bem essa história de paciência, mas é uma das bases dos taurinos.

Eles vão galgando lenta e firmemente os degraus até o topo de sua profissão, ou, no mínimo, até um lugar onde se sintam confortáveis. Conheço até taurinos que menosprezam promoções se acharem que as coisas vão mudar *muito* rápido e se eles se sentirem bem onde estão. Parte dessa constância vem do medo da mudança.

Veja o que a atriz Michelle Pfeiffer, uma taurina, fala sobre seus medos:

"Fiquei meio surpresa quando descobri como era controladora. Nunca me vi dessa maneira. Creio que geralmente a raiz dos problemas relacionados ao controle é o medo, porque você quer saber o que vai acontecer num momento qualquer. Por isso, aprendi a aceitar o desconhecido e a me sentir à vontade com isso – melhorei muito. Acho que os filhos acabam ensinando isso a você. Porque não dá para controlá-los – quanto mais você tenta, mais piora as coisas. Ter filhos me mudou mais do que qualquer outra coisa".

Nina fala um pouco mais sobre o lado mais lento da vida:

"Não gosto do fato de Touro ser retratado quase sempre como um signo travado, materialista e tolo. É um signo bem criativo. Nossos prazeres vêm do lado mais lento da vida, do cultivo de valores e da

Terra. Poderíamos incluir mais esses valores na sociedade, mas certamente você já sabe disso".

Duradouro/Permanente

Ser feliz, no mundo taurino, envolve coisas que não mudam muito. Os taurinos podem mudar, mas não gostam muito disso, a menos que tenham planetas em Gêmeos, Sagitário ou Virgem. Eles preferem que as coisas continuem como estão. Não acho que eles queiram que elas "continuem sempre iguais", apenas que "fiquem como estão".

E o que significa "ficar como está"?

Bem, certamente é o contrário de "ir", não?

Meu dicionário define ficar como "manter-se no mesmo lugar".

Então, se o seu signo é de Ar ou de Fogo, a descrição acima fará com que você saia correndo pela porta. "Ficar no mesmo lugar?" Argh! Um aquariano teria saído dali na década passada. Entretanto "ser o mesmo" significa fazer aquilo em que todos nós somos ruins, que é apenas "ser".

Vejamos a definição: "existir, tomar lugar, ocupar uma posição no espaço, participar, consistir de".

Nada de muito diferente, não é? Apenas "ser". Gostei da frase "ocupar uma posição no espaço", coisa que os astrólogos têm contemplado desde a Babilônia... mas que porção do espaço você está ocupando? Onde você está "sendo"? Como você se sente "sendo" nesse lugar? Essas não são coisas nas quais nós, como espécie, costumamos pensar (a menos que estejamos estudando filosofia), mas "ser" é agir como um taurino.

Eles não questionam, como um geminiano talvez questionasse, o que significa a existência; eles apenas "são".

E para que alguma coisa dure e não mude, ela precisa apenas "ser".

Para conhecer mais esse tema, leia *The Power of Now*, de Eckhart Tolle. Acho que é bem apropriado para um aquariano desafiar o processo mental (que é o que ele faz no livro), especialmente por ter a Lua em Touro... ele quer "ser", mas precisa questionar isso...

Para o taurino, essa capacidade de permanecer costuma implicar manter-se no mesmo endereço, trabalhar no mesmo emprego, apreciar os mesmos pratos ou passatempos.

Marla é terapeuta floral, mãe e xamã, e mora e trabalha em Londres, na Inglaterra. A cura não foi sua primeira opção de carreira. Aconteceu de forma natural. Ela conheceu a homeopatia e as essências florais quando começou a praticar yoga para ajudá-la no nascimento de seu primeiro filho. Ela descobriu que elas funcionavam muito bem. Quando menina, a medicina convencional e ela nunca se entenderam direito. Sua capacidade de curar começou a aflorar depois do nascimento de seu primeiro filho. Ela conheceu um fabricante de essências que a ajudou a aprimorar esse dom.

Ela conta desde quando mora no seu endereço atual:

"Faz 24 anos, desde que eu tinha vinte e tantos".

O famoso psicanalista taurino Sigmund Freud morou no mesmo endereço em Viena, na Áustria, durante 47 anos; ele se mudou apenas quando os nazistas detiveram e interrogaram sua filha Anna. Ele foi morar em Hampstead, Londres, na Grã-Bretanha, e (veja que interessante) *a sala de atendimento de Freud em Viena foi recriada com fidelidade de detalhes.*[14]

Então ele não só mudou de casa (ou de local de moradia), como todos os seus bens importantes foram junto, sendo dispostos exatamente do mesmo modo como estavam quando ele morava em Viena. Quando li isso, dei uma risadinha!

Sensual

Não há como negar que Touro, centrado na Terra como é, está em contato com seu corpo e sua sexualidade. Regido por Vênus, a Deusa do Amor, sua sensualidade se reflete em sua necessidade de vivenciar o amor *por intermédio* de seu corpo, e não por causa dele. Eis o que a taurina Janet Jackson diz sobre a sensualidade:

> *"Alguém me diz 'Meu Deus, você parece tão tranquila, e quando ouço seu disco ele é tão sensual', e eu digo: 'Bem, você acha que eu deveria ficar andando por aí com o bumbum arrebitado e meus seios à mostra, com lábios voluptuosos e salto alto o tempo todo?'. Essa pessoa ainda está dentro de mim, mas isso não quer dizer necessariamente que ela está lá em todos os momentos do dia."*

Como ela disse, não é uma coisa que está "lá" em todos os momentos, todos os dias, mas está lá.

A cantora pop Adele, também taurina, faz confissões sobre sua vida pessoal:

> *"Sou atenciosa. Faço qualquer coisa pelo meu homem. Cozinho bem. Sou divertida. Estou sempre a fim de sexo. A maioria das mulheres não está!"*

O taurino Sigmund Freud passou toda a vida analisando os seres humanos e chegou a esta conclusão sobre o sexo e a satisfação:

"Quem quer que tenha visto um bebê relaxando após saciar-se com o seio, adormecendo com o rosto corado e um sorriso beatífico, não pode deixar de pensar que esse quadro persistirá como o protótipo da expressão de satisfação sexual em sua vida adulta".

Ele acreditava que isso era inato, algo que já vinha embutido em nós desde o nascimento.

Prático

Ser é fazer.
– Immanuel Kant

Uma coisa de que muitos astrólogos se esquecem ao descrever os signos é que, na verdade, moramos aqui na Terra e não lá no espaço. E, para viver com sucesso aqui na Terra, precisamos utilizar e fazer bom uso de nosso corpo e de outras coisas práticas, pois do contrário morremos. E uma das necessidades transcendentes e importantes de nosso corpo é... a comida. Não há outro modo de viver.

Sei muito bem disso agora porque acabei de testemunhar o falecimento de diversos parentes. Quando alguém está quase morrendo, a última coisa que deseja é entupir-se de comida. É como o bebê que acaba de nascer: ele não sente a necessidade imediata de comer. Primeiro, ele precisa se acostumar com o fato de estar mesmo no mundo. Sim, ele vai querer mamar no seio materno, mas antes de tudo é importante sentir-se aquecido e seguro.

Logo, quando estamos morrendo, comer torna-se uma tarefa entediante. Nosso apetite se esvai naturalmente, e tudo que queremos é aconchego e conforto, sem sofrimento, num ambiente cálido, seco, acolhedor, com as pessoas que amamos, que vão cuidar de nós em nossos momentos finais.

Só quando estamos bem é que sentimos necessidade de comer para dar continuidade à vida.

Uma das pessoas que melhor compreendeu isso foi a famosa enfermeira Florence Nightingale. Além de ser enfermeira, tinha o Sol e a Lua em Touro, e conhecia não apenas as necessidades corporais, mas também tinha consciência das emoções que envolvem a comida.

Comida, Florence Nightingale e a Enfermagem

Em seu livro sobre enfermagem, Florence dedica um bom trecho, o que para mim está correto, à alimentação e à comida:

INGESTÃO DE ALIMENTOS
É preciso atenção aos horários de ingestão de alimentos.

Toda pessoa que observar cuidadosamente os enfermos vai concordar com o fato de que milhares de pacientes passam fome todos os anos em meio à abundância, pela falta de atenção ao único modo pelo qual eles podem ingeri-los. Essa falta de atenção é tão notável naqueles que impelem os doentes a fazer aquilo que lhes é impossível quanto nos próprios doentes que não se esforçam para fazer aquilo que lhes é perfeitamente possível fazer. Por exemplo, para a grande maioria dos pacientes muito debilitados, é quase impossível ingerir qualquer alimento sólido antes das 11 da manhã, e até mesmo nesse horário, se suas forças forem mais debilitadas ainda por conta de jejuarem até essa hora. Pois geralmente os pacientes fracos têm noites febris e, pela manhã, boca seca; e, se pudessem comer com a boca seca, seria ruim para eles.

Uma colherada de *beef-tea*, de araruta e vinho, de gemada, a cada hora, dar-lhes-á a nutrição necessária, impedindo que se esgotem e possibilitando depois ingerir alimentos sólidos, necessários para sua recuperação. E todo paciente que consegue engolir consegue ingerir essas coisas líquidas, caso assim decida. Mas com que frequência vemos costelas de cordeiro, ovos, um pouco de bacon pedidos à guisa de desjejum para um paciente para o qual (como uma breve consideração mostraria a qualquer um) deve ser praticamente impossível mastigar tais coisas naquela hora. Vejo ainda que se ordena às enfermeiras que deem aos pacientes uma xícara de algum alimento a cada três horas. O estômago do paciente a rejeita. Se for o caso, será preferível uma colher de sopa a cada hora; se isso não trouxer resultados, uma colher de chá a cada quarto de hora. Preciso dizer que, em minha opinião, perdem-se mais pacientes por falta de cuidado e de engenhosidade nessas minúcias importantes da enfermagem particular do que em hospitais públicos..."[15]

Ninguém consegue ser mais meticuloso ou pensar mais na alimentação de um paciente do que os taurinos. Alimentos e a alimentação são quase como uma religião para eles. Eles têm certas facas ou garfos que gostam de usar, xícaras adequadas para cada bebida, certos alimentos que preferem e outros que lhes trazem perturbações estomacais ou causam indigestão. Se você é terapeuta, ou, mais especificamente, homeopata, pode chegar ao remédio correto para seu cliente taurino perguntando-lhe sobre seu apetite ou sobre os alimentos de que gosta e de que não gosta. É um modo muito mais fácil de chegar ao cerne da questão. Se fizer perguntas mais óbvias, como "Há quanto tempo isto vem acontecendo?" ou "Consegue descrever a dor?", ele vai ter dificuldade para responder, mas até hoje NENHUM taurino teve dificuldade para descrever suas preferências alimentares.

Comida e Emoções estão Muito Ligadas

O romancista taurino Anthony Trollope disse, em certa ocasião: *"Não deixe o amor interferir em seu apetite. Ele não interfere no meu".*

Como Touro é o segundo signo do Zodíaco, poderíamos entender que Áries, o primeiro signo, lida com a "vida e a energia", enquanto Touro nos traz "aquilo que vai sustentar a vida", pois sem alimentos não duraríamos muito.

Vou lhe contar uma historinha. Conheço um jovem geminiano cuja mãe é taurina. Ele foi estudar no exterior. Em suas primeiras semanas lá, ele ficou tão excitado, assustado e tomado pela diferença entre aquele país e nossa cultura, especialmente do clima horrível aqui da Grã-Bretanha, que depois de um tempo ele parou de comer e sua namorada ficou muito preocupada (compreensivelmente). Se ele estivesse em casa, sua mãe teria cuidado dele. Como ele nunca teve de cuidar de si mesmo antes, esse pequeno exercício de estímulo mental, sem a devida atenção para com seu corpo (evidentemente importante), fez com que ele se sentisse muito mal e ficasse acamado. Ele culpou o clima. Seu foco estava em sua mente.

O de sua mãe (e o de sua namorada) estava em seu corpo. Ninguém estava certo ou errado, mas nenhum taurino que fique longe de casa pela primeira vez vai passar fome!

Marla (que já conhecemos) explica sua opinião sobre comida:

"Não me preocupo com a questão de o ambiente ser glamoroso ou não, o que importa é que a comida seja boa. Pode ser chinesa, indiana, filé de peixe com fritas, bisteca com batatas e verduras. O importante é ter sido bem preparada, e que as porções não sejam mesquinhas. Não gosto dessa nouvelle cuisine. Porções pequenas dispostas como obra de arte em cima do prato não me interessam. Dê-me uma porção decente – do contrário, por que me daria ao trabalho de comer?

Pode ser um prato de peixe com fritas de 5 libras que eu peço pelo telefone, ou uma refeição num restaurante (de bom preço, para que eu não tenha de lavar pratos)! Pessoalmente, porém, não gasto mais do que 15 a 20 libras, a menos que alguém esteja pagando! Não me interesso por misturas complicadas de temperos e sabores. Tem coisas que simplesmente não consigo comer, meu estômago não deixa. Porém recentemente me levaram a um restaurante lindo, elegante, mas não exagerado nos Estados Unidos (uma churrascaria). Aproveitei a ocasião para me vestir bem e ser bem tratada, só para variar".

Neste pequeno exemplo, a opinião de Marla sobre comida mudou quando ela saiu para jantar e alguém pagou (!)... e a ênfase recaiu sobre a diversão e a companhia, não apenas na comida.

Caroline é escritora e terapeuta holística (acabo conhecendo muitos terapeutas em minha linha de trabalho!). Eis os seus pratos prediletos:

♉ O signo ♉

"Comida feita em casa por mim... Assado aos domingos. Se for comer fora... Comida italiana ou uma boa cozinha escocesa de origem ética. Adoro restaurantes bonitos e pago um pouco mais para frequentar lugares estrelados pelo Guia Michelin, com pratos especiais. Detesto fast-food e ser roubada. Queria não gostar tanto de comida, porque estou muito gorda. Odeio sorvete barato... tem de ser o melhor. O mesmo com relação ao café. Gosto de forno e fogão".

Posso confirmar tudo isso, pois meu marido é taurino. Se sairmos para jantar e as porções forem pequenas, por melhor que seja a apresentação, ele vai se sentir logrado. E se a comida "normal" for muito cara, ele vai achar que foi assaltado.

Certa noite, fomos a um restaurante local ao qual nunca tínhamos ido. Ele está sempre cheio, sem mesas disponíveis, e em todos os dias em que abre, ele lota. O *chef* deve ser taurino.

Embora os pratos sejam caros – não muito, porém mais caros do que costumamos pagar –, o *chef* vem à mesa e explica o prato e *suas ideias*. A cozinha fica visível, e dá para observá-lo preparando cada prato (é uma sequência deles); por isso, o restaurante é mais um evento de teatro ou de arte viva do que um local tradicional para comer. Meu marido não se preocupou com nada disso e ficou fascinado com cada um dos pratos. Os ingredientes eram bem apresentados e saborosos, e embora cada prato fosse pequeno, depois de uns cinco ou seis estávamos bem servidos! Até as sobremesas eram preparadas à mão, e, como sou vegana, o *chef* deu-se ao trabalho de escolher ingredientes adequados, e todos saíram felizes.

Uma coisa é certa. Se for jantar com algum taurino, não espere uma conversa resplandecente. Isso é com os geminianos.

♉ Como agradar um taurino ♉

Meu ex-marido, que é geminiano, levava-me para comer fora quase todos os fins de semana logo que nos conhecemos. Íamos a um lugar diferente a cada semana. Ele não se preocupava com o tamanho das porções e nem com os ingredientes, e um dos lugares que visitamos era um restaurante baratinho no East End de Londres, onde comemos enguias com purê e um molho verde esquisito chamado "molho de suco de enguias", feito com salsinha.

O que ele queria era me impressionar mostrando que conhecia esses lugares *diferentes*. A comida era apenas um pano de fundo para seu desejo de me distrair, e acabamos brincando, dizendo que ele conseguiu me levar para comer comida indiana. Mais tarde, ele fez uma tira em quadrinhos engraçada sobre essa ocasião, usando as fotos em que aparecemos comendo. Ele tem a Lua em Touro, mas seu Sol em Gêmeos queria me divertir.

Para um taurino, é diferente. Comer é assunto sério, e ele quer comer, e não conversar, na hora da refeição. Foi uma surpresa para mim quando meu taurino e eu estávamos namorando, pois as refeições na minha família (cujos membros, na maioria, são de Ar e de Fogo) giravam em torno de "grandes" discussões sobre a Vida, o Universo e Tudo... com argumentos, empolgação e as irmãs monopolizando a conversa. A única que ficava quieta era minha irmã de signo de Terra. Ela só queria comer, e não conversar! Assim, quando nossas refeições eram mais silenciosas, chegava a sentir saudade daquela agitação familiar, até perceber que a melhor hora para conversar com um taurino é quando não está acontecendo mais nada. E NÃO quando estamos comendo...

Celia é escritora, mãe, esposa, guia espiritual e cuida de seus jardins.

Eis o que ela disse sobre comida:

"Orgânica; na maioria, verduras, uma sopa ou cozidos. Peixe com fritas! Tudo fica melhor em casa".

Novamente, a ênfase está em "conforto" e "casa".

Criativo

A pintura surge das pinceladas tal como um poema surge das palavras. O significado vem depois.
– Joan Miró

Uma coisa que mal é mencionada quando os astrólogos escrevem sobre Touro é seu amor pela criatividade. Conheço inúmeros artistas taurinos que são modestos no que se refere ao seu talento. Certa vez, fiz uma leitura de mapa para uma senhora taurina cujo marido também era artista, e ela falou muito mais sobre o trabalho *dele* do que o dela (ele era leonino); por isso, quando ela voltou a me visitar, pedi-lhe que trouxesse alguns de seus próprios trabalhos. Eram lindos. Cores suaves, belas curvas, agradável à vista. Ambos ensinavam arte na faculdade local, mas a Senhora Touro vivia para suas criações.

Não vou enumerar os artistas taurinos, mas ouça o que lhe digo, são muitos. Os amigos taurinos que tenho hoje, inclusive meu marido, são artistas de um modo ou de outro.

O famoso pintor renascentista Leonardo da Vinci tinha posições bastante fortes sobre arte.

E se você, ó poeta, pode contar uma história com sua pena, o pintor com seu pincel pode contá-la mais facilmente, com completude mais simples e de forma menos entediante para ser compreendida. E se você chamar a pintura de poesia muda, o pintor pode chamar a poesia de pintura cega. Bem, e qual é o defeito maior? Ser cego ou mudo? Embora o poeta seja tão livre quanto o pintor na invenção de suas ficções, elas não são para os homens tão satisfatórias quanto as pinturas; pois, embora a poesia seja capaz de descrever formas, ações e lugares com as palavras, o poeta lida com a semelhança real das formas a fim de representá-las. Agora diga-me qual se aproxima mais do homem real: o nome do homem ou a imagem do homem. O nome do homem é diferente nos diversos países, mas sua forma nunca é alterada, exceto pela morte.[16]

Há um artista inglês chamado David Shepherd que ficou famoso por seus quadros da vida selvagem. Ele explicou que deveria ter sido motorista de ônibus quando foi rejeitado por uma escola de artes: "Tentei entrar na Slade School of Fine Art e eles olharam para meus trabalhos e disseram 'vá dirigir um ônibus'".[17] Felizmente, ele conheceu um pintor chamado Robin Goodwin numa recepção, e este concordou em ter Shepherd como aprendiz. Pergunto-me se eles sabiam que eram do mesmo signo solar, pois ambos são taurinos.

A entrevistadora de David, Vivienne, conta como seu aprendizado foi prático e objetivo:

David é conhecido por seu trabalho fortemente ético, algo que foi incutido nele por seu mentor Robin Goodwin, que não apenas ensinou seu aprendiz a pintar, como também lhe mostrou os

♉ O signo ♉

aspectos comerciais de uma carreira artística, lembrando que, para pagar as contas, ele precisaria trabalhar oito horas por dia, sete dias por semana.[18]

É interessante: a pintura satisfez não apenas o lado criativo do Sol em Touro, mas também o seu lado prático, pois, sem dinheiro, a vida fica extraordinariamente difícil.

Capítulo 2

♉ Como montar um mapa astral ♉

Hoje em dia, montar um mapa é simples. No "passado", você precisava conhecer bem matemática, saber fazer cálculos longos e complexos sobre graus e ângulos e ter acesso às tabelas de posições planetárias que chamamos de Efemérides.

Depois, você precisava descobrir que signo estava se "levantando" ou "ascendendo" sobre o horizonte, colocando tudo dentro de um círculo, levando em conta o fato de que os horários e locais de nascimento variam mundo afora... sem se esquecer de coisas como "Horário de Verão" e "Horário de Guerra". O advento dos computadores reduziu todos esses cálculos e esforços a segundos, e não a dias.

Não que o fato de fazer alguma coisa mais rapidamente torne-a melhor, mas os programas de computador podem fazer praticamente tudo, desde que a pessoa que escreveu o programa saiba o que está fazendo.

Nós vamos usar um website suíço chamado astro.com.

Obviamente, o fato de ser suíço torna-o mais preciso, e é um website usado por astrólogos, por isso você estará em boas mãos.

Sistema de Casas Iguais

Crie uma conta e vá à seção do site chamada "Extended Chart Selection" [Seleção Estendida de Mapas]. Nessa parte do site, no meio da página, há uma seção chamada "Options", e debaixo dela se lê "House System" [Sistema de Casas]; deve estar escrito "default" [padrão].

Clique nessa opção e mude-a para "equal", para que os segmentos do mapa, que chamamos de "casas", tenham todos o mesmo tamanho.

Agora, clique no botão azul à direita que diz "click here to show the chart" [clique aqui para exibir o mapa].

Você irá para outra página do site, que vai mostrar o mapa astral do taurino. Ele se parecerá com o mapa apresentado no próximo capítulo.

Você verá um círculo com os símbolos dos signos do Zodíaco do lado externo do círculo, e esse terá doze porções iguais (casas) a dividi-lo. Se olhar com atenção, verá os símbolos do Sol ☉ e da Lua ☽.

As casas são numeradas de 1 a 12 no sentido anti-horário.

Estes são os símbolos que representam os signos; procure aquele que corresponde ao seu. São chamados "glifos":

Áries ♈
Touro ♉
Gêmeos ♊
Câncer ♋
Leão ♌
Virgem ♍

Libra ♎
Escorpião ♏
Sagitário ♐
Capricórnio ♑
Aquário ♒
Peixes ♓

Os Elementos

Para compreender plenamente o seu taurino, você precisa levar em conta o Elemento em que estão seu Ascendente e sua Lua. Cada signo do Zodíaco está associado a um Elemento sob o qual ele opera: Terra, Ar, Fogo e Água. Gosto de imaginar que eles atuam em "velocidades" diferentes.

Os signos de **Terra** são nosso amigo **Touro**, **Virgem** e **Capricórnio**. O Elemento Terra é estável, arraigado e ocupa-se de questões práticas. Um taurino com muita Terra em seu mapa funciona melhor a uma velocidade bem baixa e constante (refiro-me a eles no texto como "Terrosos").

Os signos de **Ar** são **Gêmeos**, **Libra** e **Aquário** (que é o "Aguadeiro", mas *não* um signo de Água). O Elemento Ar gosta de ideias, conceitos e pensamentos. Opera numa velocidade maior que a Terra; não é tão rápido quanto o Fogo, mas é mais veloz do que a Água e a Terra. Imagine-o como tendo uma velocidade média. (Refiro-me a eles como signos "aéreos".)

Os signos de **Fogo** são **Áries**, **Leão** e **Sagitário**. O Elemento Fogo gosta de ação e excitação e pode ser muito impaciente. Sua velocidade é *muito* alta. (Refiro-me a eles como Fogosos, ou seja, do Elemento Fogo).

Os signos de **Água** são **Câncer**, **Escorpião** e **Peixes**. O Elemento Água envolve sentimentos, impressões, palpites e intuição. Opera mais rapidamente do que a Terra, mas não tão rápido quanto o Ar. Sua velocidade seria entre lenta e média. (Chamo-os de signos Aquosos.)

Capítulo 3

♉ O ascendente ♉

Nome: ♉ Elizabeth II, Rainha da Inglaterra Nascida numa quarta-feira, 21 de abril de 1926 em Londres, Ingl. (RU) 0e10, 51n30	Hora: 2h40 Hora Universal: 1h40 Hora Sideral: 15h32min50s	ASTRO DIENST www.astro.com
		Tipo 2: GW 00-1 4 de novembro 2012

Mapa Natal (Método: Web style/iguais)
Signo Solar: Touro
Ascendente: Capricórnio

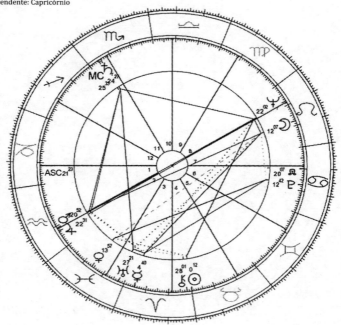

♉ O ascendente ♉

Em nosso mapa de exemplo, Elizabeth II tem Ascendente em Capricórnio. Se você olhar para o mapa acima, verá as letras ASC e o número 21 do lado esquerdo do mapa.

O ASC é o centro da seção na circunferência do círculo com o símbolo de Capricórnio, que se parece com o número 7 com uma bola do lado.

Essa é a linguagem astrológica para mostrar que "Elizabeth tem o Ascendente em 21 graus de Capricórnio". (São 30 graus para cada signo, multiplicados por 12 signos = 360 graus.)

Na Astrologia, classificamos o Ascendente como sendo sua porção exterior, aquela que as pessoas conhecem primeiro. A imagem que queremos que as pessoas vejam, a imagem que as pessoas realmente *verão*.

Seu Ascendente é aquilo que você mostra numa festa, ou para seus pais, ou quando está sendo pressionado. É o casaco que você veste, as lentes por meio das quais enxerga o mundo, a forma como você viu o mundo quando chegou.

Seu Começo

Quando você nasceu, o Sol estava num signo, a Lua e todos os planetas estavam em outros signos, e a parte *mais* importante do seu mapa estava num signo indicando como você "veio ao mundo".

Poderia estar no signo de Gêmeos, tornando o taurino tagarela e amigável. O signo de Ar acelera as energias e leva a pessoa a fazer tudo num ritmo um pouco mais rápido do que alguém com um Ascendente em Terra, mais lento, que... vai... fazer... tudo... mais... devagar. Ou poderia estar no signo de

Câncer, que quer se "sentir em casa", amando a mamãe, querendo proteção e segurança financeira.

Uma pessoa com Ascendente num signo de Fogo será mais proativa, do tipo "fazedora", do que alguém com Ascendente em Água, que vai querer esperar, ir com calma, *sentir* melhor a situação.

Compreender o Ascendente ajuda a explicar a primeira respiração do taurino, como ele viu o mundo inicialmente quando bebê, e é uma parte importante do mapa.

Mas o que dizer se o seu taurino foi adotado, ou seus pais morreram, ou ele nasceu durante um blecaute ou uma queda de energia?

Então você terá de compreender que será difícil, mas não impossível, fazer um mapa correto. Se você sabe a data, pelo menos temos um ponto de partida; porém, para os propósitos deste livro, você vai precisar de data, horário e local.

Agora que você sabe o Ascendente do seu taurino, veja a seguir os doze signos ascendentes para que você identifique aquele igual ao do mapa que você montou. Seu taurino ainda é um taurino, mas o modo como ele se projeta será devido ao signo Ascendente.

Ascendente em Áries

Meu foco recai sobre a escrita, e deixo que o resto do processo cuide de si mesmo. Aprendi a confiar em meu próprio instinto e também aprendi a correr riscos.
– Sue Grafton

O ascendente

Áries é um signo de Fogo, o primeiro signo do Zodíaco e, como tal, precisa *ser* o "primeiro". Ele pode ser comparado a um bebê que quer atenção; por isso, um taurino com Ascendente em Áries vai sempre querer liderar e ser o primeiro na fila. Ele não vai querer esperar ninguém, nada, e pode ser um pouco impaciente (como todo signo de Fogo). Ele é mais proativo, mais corajoso e assertivo.

Ascendente em Touro

Você só precisa pôr um pé na frente do outro e ir andando.
Pôr antolhos e prosseguir.
– George Lucas

Touro é um signo de Terra e tem uma postura sólida. Para um taurino, esse Ascendente duplica todas essas coisas taurinas de que falamos antes. Isso significa que ele terá de se lembrar de almoçar, de cuidar de seu corpo e de ser feliz com uma vida mais simples. Entretanto suas finanças podem ser problemáticas, e ele pode ficar preocupado com o saldo bancário.

Ascendente em Gêmeos

Eu era linguaruda e costumava discutir com minha mãe
o tempo todo. Mas precisava saber se meu pai estava por perto,
porque ele me punia por isso.
– Michelle Pfeiffer

Gêmeos é um signo de Ar e envolve comunicações e mudanças, e um taurino com esse Ascendente pode mudar muito de casa, ficar ao telefone 24 horas por dia, sete dias por semana, adorar mudanças e conversas, sendo capaz de se comunicar com qualquer um a qualquer momento. Sabe fazer perguntas e entender problemas, mas talvez não seja muito bom em manter o curso quando as coisas ficam complicadas. Seu lema deveria ser "*Vive la Différence*".

Ascendente em Câncer

Sempre que uma criança diz "Não acredito em fadas",
em algum lugar uma fadinha cai morta.
– James M. Barrie

Câncer é um signo de Água, o signo do lar e da família, e é um signo bom para o taurino, pois complementa seu signo solar. Se alguém com essa combinação recebeu atenção e carinho de sua mãe quando era jovem, provavelmente vai crescer e se tornar uma pessoa bem confiante. Vai apreciar comida caseira e todos os aspectos da vida familiar.

Ascendente em Leão

Meus pontos fracos... Gostaria de poder lhe dizer alguma coisa.
Mas provavelmente eu faria a mesma pausa se você
me perguntasse quais são meus pontos fortes.
Talvez sejam a mesma coisa.
– Al Pacino

Leão é outro signo de Fogo e confere realeza e uma bela e forte aparência para os taurinos. Eles esperam que o tapete vermelho seja estendido para eles e gostam que seu ego seja massageados. Sob esse exterior exibicionista, fica o Sol em Touro, ainda prático, ainda com o pé no chão. São pessoas que lidam bem com crises, pois o Elemento Fogo pode levá-las corajosamente a lugares onde outros signos temeriam ir.

Ascendente em Virgem

Se você é como eu, saiba que há milhões de pessoas
como nós que se interessam por astrologia, meditação,
numerologia, feng shui, envelhecimento,
vida saudável, saúde da mulher...
– Shirley MacLaine

Virgem é um signo de Terra e confere uma abordagem prática diante da vida. O Ascendente em Virgem deseja um lugar para cada coisa e que cada coisa esteja em seu lugar. Vai querer analisar as coisas, explicá-las e apresentar razões para a Vida, o Universo e Tudo. Ele também pode se preocupar mais do que o normal com a saúde. Ele precisa que as coisas estejam "ordenadas" e "organizadas".

Ascendente em Libra

Você nunca vai compreender uma pessoa enquanto
não ponderar as coisas sob seu ponto de vista.
– Harper Lee

Libra é um signo de Ar e, por ser representado pela balança, precisa se sentir equilibrado. Com essa combinação, o taurino vai dedicar muita energia à sua vida afetiva, aos seus parceiros e aos relacionamentos íntimos. O Ascendente em Libra detesta discussões e rupturas e faz de tudo para evitar conflitos. Gosta de estar cercado por decorações agradáveis, tons pastel, e tudo deve ser bonito, pois Libra também é "regido" por Vênus, a Deusa do Amor.

Ascendente em Escorpião

Aquele que tem olhos para ver e ouvidos para ouvir pode se convencer de que mortal nenhum é capaz de guardar um segredo. Se seus lábios estiverem silentes, ele fala com as pontas dos dedos; a traição exala de cada poro dele.
– Sigmund Freud

Escorpião é outro signo de Água, intenso e profundo, e geralmente vai parecer discreto e introspectivo numa multidão ou com outras pessoas. É um Ascendente forte para um taurino, e pode pender para a desconfiança, na pior das hipóteses, e para a transformação, na melhor. Ele contempla a vida através de lentes que penetram no fundo da alma das pessoas, pois focaliza suas metas intensamente. Assegure-se de não ficar do lado errado da pessoa com esse Ascendente – porque o baque pode ser severo. Do ponto de vista positivo, são pessoas realizadoras.

Ascendente em Sagitário

O mais nobre prazer é a alegria da compreensão.
– Leonardo da Vinci

♉ O ascendente ♉

Sagitário é outro signo de Fogo e gosta de viajar, de ser livre, de filosofar, aprender, ensinar e de conhecer culturas estrangeiras. Desde que não haja vínculos e tenha bastante espaço, o Ascendente em Sagitário deve ter uma postura positiva, animada e feliz diante da vida. É um Ascendente bem alegre e ajuda o taurino a enxergar o melhor lado da vida. Ele gosta de debater e de instilar seus conhecimentos na consciência coletiva.

Ascendente em Capricórnio

Não existe professor melhor do que a adversidade.
Cada derrota, cada decepção amorosa, cada perda contém
sua própria semente, sua própria lição sobre o modo
de melhorar o desempenho da próxima vez.
– Malcolm X

Capricórnio é outro signo de Terra e, regido por Saturno, mostra-se um Ascendente desafiador para o taurino, pois pode fazer com que a pessoa se torne negativa, sempre receando o pior. O lado positivo é que a vida melhora com o tempo, pois ele aprende que a idade e a experiência são ativos valiosos. Torna o taurino duplamente sensato, levando-o, de modo geral, a ter amigos mais velhos do que ele.

Ascendente em Aquário

A necessidade é cega até se tornar consciente.
A liberdade é a consciência da necessidade.
– Karl Marx

Aquário é um signo de Ar, regido pelo amalucado Urano, planeta da rebeldia. Seu desejo mais profundo é a amizade, e ele quer ser amigo de todo mundo. Não apenas ter amigos mais próximos, mas amigos com quem possa brincar, fazer coisas interessantes, fazer parte de algo maior, como "Salve o planeta". Pode tornar essa combinação um pouco mais fria do que as outras, mas, do lado positivo, suas agendas estão repletas e sua lista de cartões de Natal é extensa.

Ascendente em Peixes

Acredito que Deus governa tudo com sua
divina providência e que as estrelas,
com sua permissão, são instrumentos.
– William Lilly

O Ascendente em Peixes pode se sentir atraído por vícios e dependências, com empatia pelas histórias tristes dos outros. Se algum filho ou amigo tem essa combinação, ele precisa de seu próprio espaço, de ser tratado com delicadeza e de muito sono e sonhos. Essas pessoas adoram o místico, o inexplicável e aquilo que não pode ser descrito com palavras. A intuição é inata.

Capítulo 4

♉ A lua ♉

A mente consciente pode ser comparada a
uma fonte que brinca ao sol, voltando para a grande
lagoa subterrânea do subconsciente da qual emerge.
– Sigmund Freud

Na Astrologia, a Lua representa como nos sentimos a respeito das coisas. Se o Sol é quem somos e o Ascendente é o modo como nos projetamos, então a Lua é a maneira como reagimos emocionalmente.

Na verdade, a Lua reflete a luz do Sol, e por isso os astrólogos descrevem-na do mesmo modo: o signo da Lua reflete como nos sentimos.

A diferença entre um pensamento e um sentimento é a seguinte: pensamento é aquilo que acontece rapidamente e vem da nossa cabeça. Sentimento é o que acontece logo depois do pensamento, e vem do nosso coração.

Se você me der um soco, posso pensar "Caramba, por que ele fez *isso*?". Depois, a sensação de dor no queixo vai aparecer, em seguida, a emoção da tristeza ou da raiva, dependendo da forma como meu mapa astral está constituído. Mas, em qualquer situação, teremos um pensamento, depois uma emoção, e essa emoção é a Lua.

Na verdade, a Lua muda de signo a cada dois dias, mais ou menos. Se quiser fazer um experimento interessante, leia as manchetes dos jornais e preste atenção no signo lunar.

No dia em que a Lua está em Áries, mais pessoas brigam; quando a Lua está em Câncer, ficam mais em casa; se a Lua está em Peixes, as notícias podem tratar de mistérios estranhos, maravilhosos e inexplicáveis. Experimente – você vai se surpreender.

Entrar em contato com seu signo lunar é um exercício muito útil. Você sabe como é – você quer sair do emprego, detesta seu chefe e o seu Sol em Sagitário está feliz com a ideia. Mas você já se entendeu com sua Lua em Capricórnio, que está preocupada com a possibilidade de você não encontrar outro emprego e ficar sem um tostão? O que acontece é que você fica dizendo que quer fazer alguma coisa, mas isso nunca acontece. Seu eu consciente está satisfeito com as mudanças, mas seu eu subconsciente se preocupa e pode acabar sabotando suas ações. Para entender tudo isso um pouco melhor, leia qualquer coisa de Sigmund Freud.

Se estiver travado em algum ponto de sua vida, descubra o seu signo lunar e converse um pouco com ele, veja se ele está satisfeito com aquilo que você quer fazer. O subconsciente é como uma criança e acredita em tudo que lhe dizem. As Essências Florais de Bach ajudam a Lua a se sentir menos assustada e preocupada. Uso-as muito em minha prática profissional.

♉ A lua ♉

As Essências Florais do Dr. Bach

Em 1933, o Dr. Edward Bach, médico homeopata, publicou um livreto chamado *The Twelve Healers and Other Remedies*.* Sua teoria era que se o componente emocional de que uma pessoa estava sofrendo fosse removido, sua "doença" também iria desaparecer. Costumo concordar com esse tipo de pensamento, pois a maioria dos males (exceto ser atropelado por um ônibus) é precedida por um evento desagradável ou por uma perturbação emocional que faz com que o corpo saia de sua sintonia. Remover o problema emocional e proporcionar alguma estabilidade à vida da pessoa, quando ela está passando por um momento difícil, pode melhorar tanto sua saúde geral que ela volta a se sentir bem.

Saber qual Essência Floral de Bach pode ajudar a reduzir as preocupações e os abalos dá a você e a seu taurino mais controle sobre a vida. Recomendo muito as essências em minha prática profissional, quando sinto que alguma parte do mapa da pessoa está passando por estresse... e geralmente é a Lua que precisa de ajuda. As essências descrevem os aspectos negativos do caráter, que são focalizados durante o tratamento. Essa conscientização ajuda a inverter essas tendências, e por isso, quando nosso eu emocional está bem e confortável, podemos enfrentar o dia com mais forças.

Para cada signo, citei as palavras exatas do Dr. Bach.

Para usar as Essências, pegue duas gotas do concentrado, ponha-as num copo com água e beba. Costumo recomendar que sejam postas numa pequena garrafa de água, para que

---

* *Os Remédios Florais do Dr. Bach – Incluindo Cura-Te a Ti Mesmo e Os Doze Remédios*, publicado pela Editora Pensamento, São Paulo, 1990.

sejam bebericadas, pelo menos quatro vezes ao longo do dia. No caso de crianças pequenas, faça o mesmo.

Lembre-se de procurar um médico e/ou orientação profissional caso os sintomas não desapareçam.

Lua em Áries

Se você não pede, não ganha.
– Stevie Wonder

A Lua em Áries quer que todas as suas necessidades sejam atendidas, quer ser amada pelo que ela é e pelo que faz, pois Áries é um signo de ação. Essas pessoas se sentem melhor tendo tudo de que precisam aqui mesmo, agora mesmo. A paciência não está em seus planos. A Lua em Áries processa suas emoções por meio da ação, de muita ação. Correr, pular, expressão física – isso é bom, mas, seja qual for o modo como essa Lua opera, ela será rápida, ágil e imediata. Como uma tempestade, tudo vai parecer muito espetacular e revigorante, mas em poucos momentos a tempestade vai passar e ela voltará a seu eu amigável. Seus sentimentos são expressados de forma poderosa e impetuosa, e essas pessoas podem sentir dificuldade para se distanciar deles. O maior benefício disso é a sinceridade de sua reação visceral aos eventos.

Essência Floral de Bach *Impatiens*:

Para os que são rápidos de raciocínio e ação e que desejam que tudo seja feito sem hesitação ou demora.

♉ A lua ♉

Lua em Touro

Meu maior talento é o bom senso.
Na verdade, sou uma marca comum – como a sopa de
tomates da Campbell's ou o chocolate Baker's.
– Katharine Hepburn

A Lua em Touro precisa que suas necessidades emocionais sejam satisfeitas por meio de sensualidade, boa comida, bons vinhos, sedas e cetins luxuosos. Essa Lua é mais lenta e precisa de tempo para reagir. Ela se sente bem quando o estômago está cheio e suas finanças estão estáveis. Uma boa refeição e um cheque do patrão acalmam a maioria dos receios da Lua em Touro. A fixidez do taurino torna-o uma pessoa emocionalmente consistente, que demora a mudar de ideia. Numa crise, algumas Luas em Touro não são capazes de *fazer* nada. Elas precisam parar para pensar e "deixar a coisa assentar". Se o seu progresso firme e lento for interrompido por algum obstáculo, elas se sentem tristes e desencorajadas.

Essência Floral de Bach *Gentian*:

Para os que se desencorajam facilmente. Podem progredir bem no que se refere às doenças ou questões da vida diária, mas qualquer imprevisto ou obstáculo a seu progresso gera dúvidas e logo se deprimem.

Lua em Gêmeos

Tal como acontece com tudo que é criativo,
a mudança é inevitável.
– Enya

Ó, Lua em Gêmeos, elas não são fáceis de contentar! Desde que tenham quinze pessoas diferentes com quem discutir seus problemas, doze livros de autoajuda e um foco para suas emoções mutáveis, essas pessoas ficarão bem. A energia de Gêmeos é aérea e abstrata, e costuma analisar e racionalizar suas emoções mais do que a maioria. O lado positivo disso é seu autoconhecimento claro; o negativo é que o nativo pode simplesmente preocupar-se demais. Às vezes, a resposta para o problema pode ser simplesmente desligar o cérebro por algum tempo. Uma coisa é certa: numa crise emocional, a conta telefônica da Lua em Gêmeos chega às alturas.

Essência Floral de Bach *Cerato*:

Para os que não têm confiança suficiente em si mesmos para tomar as próprias decisões.

Essa Essência aparece sob o subtítulo "Para insegurança e incerteza" (e tanto Libra quanto Gêmeos têm esse problema).

Lua em Câncer

Creio que um bom exercício é imaginar o que diríamos
a nossos filhos caso soubéssemos que fôssemos morrer em breve.
– David Servan-Schreiber

Como o signo de Câncer é "regido" pela Lua, seu eu emocional fica feliz nesse signo. Ele pode descobrir que sua emoção é muito influenciada pelo signo em que a Lua está durante a semana; por isso, pegue um bom calendário lunar e preste atenção no signo em que a Lua está. Câncer é um signo de Água e consegue se apegar a emoções das quais deveria ter se livrado anos antes, mas, de modo geral, torna o nativo muito sensível às necessidades emocionais dos outros. Esta é uma influência altamente "maternal", tornando suas emoções bem sintonizadas com a proteção e a atenção aos outros. Ela também aumenta muito a sensibilidade; por isso, lembre-se de que um taurino com a Lua em Câncer precisa que suas emoções sejam levadas em conta com atenção.

Essência Floral de Bach *Clematis*:

Alimentam esperanças de tempos melhores, quando seus ideais poderão ser realizados.

Lua em Leão

Por que sou tão famosa? O que estou fazendo direito?
O que os outros estão fazendo errado?
– Barbra Streisand

Para um taurino, a Lua em Leão é uma contradição. Uma Lua que deseja reconhecimento, enquanto o que o Sol quer é ficar nos bastidores. Suas necessidades emocionais são atendidas quando alguém nota que ela quer agradecimentos, respeito e, acima de tudo, elogios. Ela tem a capacidade de reagir rapidamente a situações emocionais e, como signo de Fogo "fixo", sente-se melhor tendo momentos especiais e um tempo para si mesma. O tapete vermelho não ficaria mal, pois o tradicional gosto do leonino pelos holofotes faz com que as pessoas com a Lua em Leão tenham a tendência a ser o centro das atenções.

Essência Floral de Bach *Vervain*:

Para aqueles que têm ideias e princípios rígidos que consideram certos.

Lua em Virgem

O problema não era a bebida; era o fato de que ela não funcionava mais como remédio para curar as tristes consequências de minha auto-obsessão, do excesso de trabalho, do egoísmo e do transtorno bipolar.

– Pete Townshend

O desafio da Lua em Virgem consiste em *não* se preocupar com as coisas, *não* se abalar e aprender a esperar, que tudo vai dar certo. A Lua em Virgem é boa para absorver sentimentos e racionalizá-los. Seu único problema acontece quando ela precisa lidar com muitas coisas; então ela fica como um coelho paralisado diante dos faróis do carro. Alguns consideram a Lua em Virgem uma posição um tanto desafiadora, porque Virgem quer ordem e harmonia, e isso não se coaduna bem com nossas emoções, que são notavelmente incontroláveis.

Este é o remédio que prescrevo com mais frequência, pois meus melhores clientes têm a Lua, o Sol ou o Ascendente em Virgem.

Essência Floral de Bach *Centaury*:

Sua natureza boa as conduz a fazer mais do que a sua parte do trabalho e, ao fazerem isso, negligenciam sua própria missão nesta vida.

Esta essência aparece sob o subtítulo de "Sensibilidade excessiva a influências e ideias".

Lua em Libra

*Acredito num amor que é divertido,
atencioso, generoso e honesto.*
– Jordan Knight

O taurino com Lua em Libra precisa de pessoas. Pessoas amigas, amáveis, que não discutem e nem esbravejam. Amam a beleza e os tons pastel e, enquanto puderem manter o contato com outras pessoas que apreciem sua dócil gentileza, estarão bem. A maneira como as pessoas se relacionam é um de seus interesses, e o parceiro dessa Lua pode se tornar o principal foco da vida, se ela não tomar cuidado. Num dia ruim, esses nativos têm problemas para se decidir e podem passar de uma ideia para outra, pois a energia libriana enfatiza bastante a harmonia e o equilíbrio. Eles desejam muito ter alguém do lado e preferem um relacionamento ruim a não ter nenhum.

Essência Floral de Bach *Scleranthus*:

Para aqueles que sofrem muito por serem incapazes de decidir entre duas coisas, inclinando-se ora para uma, ora para outra.

Lua em Escorpião

*O U2 é uma espécie original... ocupamos cores,
sentimentos e um terreno emocional, algo que é só nosso.*
– Bono

Escorpião é uma Lua forte, que pode absorver muita energia negativa sem se desfazer. Seus sentimentos são intensos, fixos e profundos. Suas necessidades emocionais não são leves e suaves, pois elas moram num lugar profundo como uma caverna ou um vulcão subterrâneo. Podem ser pessoas tensas e quando desejam alguma coisa, conseguem-na, por bem ou por mal. Por isso, quando as coisas não seguem os planos, a Lua em Escorpião projeta todos os seus desapontamentos no mundo exterior. Não costumo ver com frequência pessoas com essa combinação, pois na maioria das vezes elas conseguem administrar bem a vida, com certa autossuficiência. Para elas, a confiança é extremamente importante. Esta é uma combinação maravilhosa de signos para ajudar os necessitados.

Essência Floral de Bach *Chicory*:

Estão continuamente afirmando o que consideram errado e o fazem com prazer.

Esta Essência aparece sob o subtítulo "Excessiva Preocupação com o bem-estar dos outros".

Lua em Sagitário

A viagem tem sido longa.
– Andy Murray

A Lua em Sagitário proporciona uma combinação bem incomum. Sagitário é famoso por não ter papas na língua e por verbalizar aquilo que os outros só pensam, enquanto Touro é o

☿ A lua ☿

signo que se dedica às coisas práticas. Veja só como é esta Lua: deseja respostas e razões e uma longa viagem até a Mongólia Exterior, é amigável, sociável e filosófica. É regida pelo animado e benevolente Júpiter e costuma proporcionar uma postura confiante e positiva diante da vida e das pessoas. As pessoas com a Lua em Sagitário sempre se recuperam e nunca perdem a fé fundamental na humanidade.

Essência Floral de Bach *Agrimony*:

"Escondem suas preocupações por trás de seu bom humor e de suas brincadeiras e tentam suportar seu fardo com alegria".

Esta Essência aparece sob o subtítulo "Sensibilidade excessiva a influências e opiniões". Ler alguma coisa perturbadora pode influenciá-los muito.

Lua em Capricórnio

Levo essa parte da minha vida muito a sério.
Quero ser um homem de negócios bem-sucedido. É simples.
– David Beckham

De todos os signos lunares, Capricórnio deve ser o mais desafiador. Ele é regido pelo assustador Saturno, o ceifador terrível e planeta dos golpes duros, e por isso sua constituição emocional é severa e autoflageladora. Como a Lua em Escorpião, pode absorver mais negatividade do que os outros signos, mas torna-a receosa de sofrer mais dores. "Pare de se agredir" seria um bom lema. Mais do que qualquer outro signo, Capricórnio reconhece a dura realidade material do mundo, enquanto a Lua é a "criança interior", que talvez não se sinta à vontade nesse ambiente severo.

Essência Floral de Bach *Mimulus*:

Para medo de coisas terrenas: doenças, dor, acidentes, pobreza, escuridão, solidão, infortúnio. Secretamente, carregam consigo medos sobre os quais não falam a ninguém.

Lua em Aquário

*Nascemos sozinhos, vivemos sozinhos, morremos sozinhos.
Só por meio do amor e da amizade é que podemos criar
a ilusão momentânea de que não estamos sozinhos.*
– Orson Welles

Esse toque aquariano pode fazer com que o taurino se desprenda *muito* de suas emoções. Os signos de Ar não lidam muito bem com as emoções; preferem pensar em vez de sentir e podem ficar sufocados se houver muitas emoções por perto. Para eles, é difícil lidar com as emoções porque a volátil energia aquariana lhes dá a tendência natural de considerá-las de maneira abstrata. Do mesmo modo, é uma energia fixa, e as emoções são famosas por serem fluidas e difíceis de controlar. Como resultado, é pouco provável que esses nativos se abram, e podem parecer frios e imprevisíveis.

Essência Floral de Bach *Water Violet*:

Para aqueles que gostam de ficar sozinhos, de ser independentes, que são capazes e autoconfiantes. São indiferentes e seguem seu próprio caminho.

♉ A lua ♉

Lua em Peixes

Por que o olho vê as coisas com mais clareza nos sonhos do que a imaginação na vigília?
– Leonardo da Vinci

Se estiver envolvido com alguém com a Lua em Peixes, respire fundo. É uma alma particularmente sensível. Com certeza, essa pessoa será criativa, musical, inspirada, talentosa, mas talvez não saiba em que dia da semana está, onde deixou o relógio, a carteira, o dinheiro ou o trocado para o ônibus. Se tal nativo estiver num ambiente do tipo Steiner, que leva em conta essa gentileza, vai se sair bem. Como Peixes é o mais emotivo de todos os signos, ele tem acesso a uma sensibilidade emocional aguçada, o que torna a vida complicada e dificulta as ações. Este é o signo do mártir, de quem conhece o sofrimento da vida. Muitos consideram a Lua em Peixes como uma combinação que confere percepção mística, o que pode conferir ao nativo dessa Lua conferir um pendor psíquico ou intuitivo natural.

Essência Floral de Bach *Rock Rose*:

Para casos em que parece não haver qualquer esperança ou quando a pessoa está muito assustada ou aterrorizada.

Esta Essência aparece sob o subtítulo "Para aqueles que têm medo" e ajuda essa alma frágil e gentil a ter coragem para enfrentar qualquer emergência, seja a morte de um animal de estimação, seja o primeiro dia de aula, um novo emprego ou um novo relacionamento.

Capítulo 5

♉ *As casas* ♉

Esta é a parte da Astrologia que mais confunde a maioria das pessoas. O que é uma "casa?".

É uma divisão matemática do círculo. Como vimos, o Ascendente é deduzido pelo horário do nascimento. Ele não é um lugar real e nem um planeta; é uma localização temporal. As casas são os segmentos de 1/12 avos que criamos no círculo. Mais ou menos como as fatias de uma pizza.

Nem sempre os astrólogos montaram mapas em círculos; eles também fizeram mapas quadrados. Para mim, porém, o círculo parece fazer mais sentido, pois do contrário você não percebe as belas formas que os planetas podem fazer em torno do círculo, uma de minhas paixões. Adoro as formas que os mapas podem assumir, e passei cinco anos pesquisando os mapas natais de crianças Índigo.

Uma coisa é certa: um mapa astral representa de fato a posição dos planetas no céu no dia do nascimento. Mas conheço muita gente que olha para um mapa e se pergunta o que *significa* aquela loucura toda.

Bem, a casa é um segmento desse círculo. O centro do círculo representa a Terra, e cada segmento representa uma

♉ As casas ♉

"área" diferente da vida. Essas áreas vão desde o modo como os outros veem você até o modo como você se vê, e tudo que existe entre ambas.

Creio que quando os primeiros astrólogos montaram seus pequenos mapas do céu, devem ter pensado: "Ter o Sol na quarta seção deve ser diferente de tê-lo na oitava". Os astrólogos discutiram muito, ao longo dos anos, sobre qual o "sistema" de divisão que funciona melhor; por isso não podemos dizer que as casas são algo real.

Mas, só para complicar as coisas, há aproximadamente mais cinco* "sistemas" de casas usados pelos astrólogos. O mais popular em todos os programas astrológicos é chamado "Placidus", mas só porque a maioria dos livros o adota. Ele só começou a ser usado na Grã-Bretanha no século XVIII. É o sistema padrão do site: www.astro.com.

Antes disso, se usava o Sistema de Casas Iguais, que prefiro e gosto de utilizar. O Sistema de Casas Iguais usa o Ascendente como cúspide da casa 1 e depois divide todo o Zodíaco em doze partes iguais, formando as doze "casas".

O sistema de Placidus leva em conta dados bem mais complicados e significa que cada "casa" do mapa tem um tamanho diferente. Mas eu pergunto: "Por que complicar as coisas?". A vida já é bem complicada, motivo pelo qual emprego o Sistema de Casas Iguais. Se você está usando um programa de computador ou um site da Internet, por favor, verifique o sistema que é usado e mude-o para Casas Iguais.

Fácil!

---

* Na verdade, são mais de quinze. (N. do T.)

O Sol pode "cair" em qualquer casa, dependendo do horário de nascimento. Portanto eis as doze casas solares que você pode ter em seu mapa. Verifique em que casa o Sol aparece e leia a interpretação para ela. No mapa de exemplo, Elizabeth II tem o Sol na casa 4.

A Primeira Casa, Casa da Personalidade

Conheça seu poder.
– Jordan Knight

A primeira casa deriva do Ascendente e é praticamente *a casa* mais importante, com o mesmo peso do signo solar ou lunar. Temperamento, personalidade e saúde se expressam aqui; é o "caráter" da pessoa. Se o seu taurino tem o Sol nela, ele será mais assertivo, mais confiante e seguro.

A Segunda Casa, Casa do Dinheiro, de Bens Materiais e da Autoestima

Não vá caçar veados na terra dos porcos.
– Barry Crump

A segunda casa trata de nossas primeiras relações com o mundo exterior. Cobre coisas materiais, dinheiro e bens, segurança e estabilidade. Se essas palavras-chave parecem taurinas, é porque cada casa, de 1 a 12, se parece um pouco com o respectivo signo do Zodíaco, e a segunda equivale a Touro. É o equilíbrio entre a postura diante dos bens materiais (como dinheiro vivo) e bens espirituais, como amor e amigos, além do senso de autoestima. Taurinos com o Sol nessa casa terão a tendência a focalizar as finanças antes de se dedicar a temas mais amenos.

A Terceira Casa, Casa da Comunicação e de Viagens Curtas

Espero que esta dedicada epístola publicada sem o seu conhecimento possa... encontrar fácil remissão em suas mãos gentis.
– William Lilly

Esta casa governa o aprendizado da fala e do pensamento, bem como as relações com parentes próximos, especialmente irmãos e irmãs. Está relacionada ainda com a mente, o que significa que as influências planetárias na casa 3 podem fazer com que a pessoa tenda a mudar muito de ideia. Ela vai gostar de toda forma de comunicação, terá mais de um telefone, apreciará escrever mensagens de texto, manter contato com os outros e viagens curtas, locais. Manter-se "em movimento" mentalmente é uma necessidade.

A Quarta Casa, Casa do Lar, da Família e das Raízes

Como nas melhores famílias, temos nossa dose de excentricidades, de jovens impetuosos e imprevisíveis, e de desentendimentos familiares.
– Rainha Elizabeth II

A quarta casa abrange o lar e a vida doméstica em geral, sendo influenciada por qualidades familiares. Esta casa descreve ainda as relações com a mãe ou com a figura materna, mas também é vista como a postura diante dos progenitores e das "raízes" em geral, sejam elas quais forem. Esses nativos gostam de desfrutar dos confortos do lar, adoram ficar em casa, cozinhando e mantendo o lar em ordem. Gostam de toda espécie de reunião familiar, podem ser sentimentais e fãs de bichos de estimação.

A Quinta Casa, Casa da Criatividade e do Romance

O pintor que desenha simplesmente em função da prática,
e a olho, sem qualquer raciocínio, é como um espelho
que copia todo objeto que é posto diante dele sem
ter consciência da existência desse objeto.
– Leonardo da Vinci

A quinta casa diz respeito ao desenvolvimento do desejo de deixar uma marca no mundo maior. O que seria este "mundo maior" depende muito do indivíduo. Pode ser qualquer coisa criativa ou ativa "lá fora" – culinária, jogos, arte, criatividade, casos amorosos, cassinos ou festas. Esta é a casa que trata da criação e inclui o nascimento de filhos ou de ideias criativas. Ela também gosta de ser o centro das atenções.

A Sexta Casa, Casa do Trabalho e da Saúde

Não, minha imaginação! – não, tais névoas,
em vez de darem lugar ao tempo e à saúde,
devem se devorar na vida da vida.
– Robert Browning

A sexta casa é o desenvolvimento da organização e da disciplina, da ordem e/ou da habilidade de nos organizarmos. A influência do senso prático e da saúde pessoal aparece nesta casa. O Sol taurino na casa 6 precisa ser organizado, mas não à custa da sanidade ou do conforto. A casa 6 governa a saúde e o trabalho que fazemos, e descobri que clientes com essa colocação ficam felizes quando têm um emprego de cuidados com a saúde ou um trabalho voluntário de assistência ao próximo.

A Sétima Casa, Casa dos Relacionamentos e do Casamento

Desde então, nunca tive um dia de dúvida de
que estou com a pessoa certa.
– Joanna Lumley

A sétima casa é a primeira das casas que realmente passa dos interesses "interiores" do indivíduo, de suas necessidades e atitudes psicológicas, para os importantes interesses "exteriores". Portanto o foco recai sobre o desejo de parceria, e, regida por Vênus, sobre amores importantes. Quando o Sol em Touro cai nessa casa, há o desejo de conexão com alguém num nível íntimo, pessoal, motivo pelo qual o casamento e os relacionamentos são importantes.

A Oitava Casa, Casa da Força Vital no Nascimento, no Sexo, na Morte e na Vida após a Morte

Sabe, ninguém me pergunta sobre meus segredos de beleza, ou
"Qual o seu manequim?" ou "Quem é seu costureiro?".
Fazem-me perguntas realmente profundas, e eu adoro isso.
– Shirley MacLaine

A oitava casa costuma ser descrita como a casa da "força vital". O sexo está nela, além da morte, da transformação e da reencarnação, bem como experiências religiosas do tipo "renascimento". Geralmente, aquilo que acontece na oitava casa é profundo e importante. Um taurino com o Sol nela será focado e intenso, e provavelmente reservado com relação a seus verdadeiros desejos.

A Nona Casa, Casa da Filosofia e de Viagens Longas

Não sou um vagabundo de praia. Embora prefira lugares quentes para as férias, gosto de estar sempre ocupado. Conquanto possa praticar esportes nas férias, fico feliz.
– Andy Murray

Viagens, línguas estrangeiras e também as diversas "viagens" interiores, espirituais ou filosóficas, a que podemos nos dedicar, expressam-se pela nona casa. Ela compreende a educação superior, sonhos e ideais. Taurinos com o Sol nela vão gostar de viagens longas e de tudo que estiver associado com outras culturas, inclusive viagens espirituais.

A Décima Casa, Casa da Identidade Social e da Carreira

Inteligência sem ambição é um pássaro sem asas.
– Salvador Dalí

A décima casa é firme e prática, e habitualmente é resumida como a "casa da carreira". Trata das ambições e do progresso mundano, além de abranger a autoridade em todas as suas formas, como as pessoas reagem a ela e como lidam com o fato de exercerem autoridade sobre outras. Geralmente, é vista como uma parte bem teimosa e prática do mapa. Com o Sol em Touro nela, o indivíduo se ocupará com a forma como os outros o veem, pois o desejo de sucesso material está profundamente arraigado nele.

A Décima Primeira Casa, Casa da Vida Social e da Amizade

O melhor lugar para alguém morrer é aquele
onde ele morre pelos outros.
– James M. Barrie

A décima primeira casa começa onde a décima termina, mas abrange aspirações e ambições não materiais, a consciência social, a vida social e círculos de amizades. Essa casa também governa o altruísmo. Alguns astrólogos modernos incluiriam nessa casa também a nossa postura ecológica. O taurino expressa essa casa de maneira prática, mas ainda anseia pela liberdade e por uma conexão com ideias mais amplas.

A Décima Segunda Casa, Casa da Espiritualidade

Aquele que é cruel com os animais torna-se rude
também em seu trato com os homens.
Podemos julgar o coração de um homem pelo
tratamento que dispensa aos animais.
– Immanuel Kant

A última casa, a décima segunda, tem o potencial para ser nosso estágio final de aprendizado e de desejo, no qual resolvemos todos os desenvolvimentos das outras onze casas. Contudo pode ser também o acúmulo total de todos os erros que cometemos na vida, estando associada com segredos, silêncio e escapismo. Com o Sol taurino nela, há a necessidade de escapar da dura realidade da vida, no mínimo com um longo banho de banheira e até, quem sabe, a tendência à timidez.

Capítulo 6

♉ As dificuldades ♉

Agora que você conhece Touro um pouco melhor, sabe o que o motiva, como ele "vê" o mundo, o que lhe interessa e o que faz com que se sinta seguro, vamos discutir a ajuda de que ele vai precisar quando estiver abalado.

Atendo clientes em meu consultório. Eles me apresentam toda sorte de "abalos" para que eu os ajude a resolvê-los. Eles buscam soluções, e por isso eu tive de montar uma bela caixa de soluções para eles, além de anos (agora) de experiência pessoal na maravilhosa dança que chamamos de "vida".

Poucos dos meus clientes reclamam de seus taurinos, mas de vez em quando ouço alguns resmungos, e reuni alguns deles aqui.

Meu taurino encheu o sótão, a garagem, o quarto de hóspedes e a edícula com "coisas de que podemos precisar um dia, só por precaução" e não joga nada fora.
Esta é uma queixa comum sobre os taurinos. Sua incapacidade de jogar fora o que quer que seja.

Ela provém do medo da pobreza e da carestia, profundamente arraigados no nativo, e exige uma constituição firme e forte para ser corrigida.

O que você *nunca* deve fazer é "arrumar" alegremente as coisas dele ou jogá-las fora sem consultá-lo antes. Isso causaria um monte de lamentações.

O melhor modo de lidar com o excesso de coisas é traçar um limite claro entre aquilo que é seu e o que é dele, indicando ainda onde as "coisas" podem ser armazenadas.

Se você transformar a atividade de "jogar coisas fora" em algo divertido, não terá muitos problemas. Dedique um dia por semana ou por mês a levar coisas para reciclagem ou doação.

Tive um chefe taurino. Ele me fazia guardar elásticos usados que o carteiro deixava quando entregava encomendas. Eu tinha de pô-los num jarro. Tinha de guardar também todas as embalagens dos produtos que chegavam ao estoque. Eu trabalhava numa joalheria, e até hoje não consigo compreender de onde vinha seu medo de perder alguma coisa. Para mim, o cúmulo foi guardar as embalagens de sopa que ele pedia para o almoço e os frasquinhos de iogurte. Ele guardava parafusos e pregos velhos, além de um monte de coisas inúteis, e se tivesse de usar alguma coisa que fora guardada, ele se vangloriava de ter feito economia.

Eu chorava só de ver a perda de tempo.

Teria sido bem melhor empregar o meu tempo atendendo os clientes ou arrumando as vitrines do que ficar acumulando lixo...

Meu taurino não quer sair mais porque diz que tudo é caro e pergunta por que a gente não pode ficar em casa.
Se o seu taurino fica contente quando se acomoda e faz aquilo de que gosta, então a necessidade pessoal de "sair" e de "fazer alguma coisa" diminui.

Não se exalte!

O que você precisa fazer é explicar, cuidadosamente, que se sente melhor saindo e sendo mais sociável. Dê-lhe a opção de ir com você caso ele deseje, mas não se aborreça se ele não quiser ir. Se você é uma borboleta social de Gêmeos, ou então de Áries, sempre em atividade, ficar no sofá de casa não deve ser muito atraente. Para o nativo de Touro, isso não é um problema, por isso não crie caso; mantenham vidas sociais separadas e, de vez em quando, saiam ou façam alguma coisa juntos.

Se o problema for financeiro, pague sua parte nas atividades.

Sou a favor de contas bancárias separadas para os casais. Nunca tive uma conta conjunta e não quero ter agora. Conheço muita gente que se separou por causa de dinheiro. Guardo o meu para minhas necessidades, e meu marido e eu dividimos as despesas conjuntas.

Meu taurino DEMORA a fazer qualquer coisa...

Costumo ouvir isso dos pais de crianças de Touro. Se o seu signo for de Fogo, provavelmente você achará que seus filhos taurinos demoram uma eternidade para se vestir de manhã.

Não dá para apressar o taurino.

Vou repetir: NÃO DÁ PARA APRESSAR O TAURINO.

Por favor, não tente. Isso vai acabar em choradeira. Se ele leva mais tempo para "fazer" alguma coisa, você terá de planejar com antecedência e começar a se preparar bem antes.

Meu marido taurino acorda bem cedo, pois gosta de fazer as coisas no seu ritmo. Eu acordo agitada e saio correndo, num ritmo rápido, para acompanhá-lo. Estou invariavelmente atrasada e geralmente saio correndo de casa com poucos minutos de folga.

Como meu marido começou o dia antes (um pouco como a história da lebre e da tartaruga), está sempre pronto no horário.

Repito. Não se preocupe com isso e nem crie caso, pois está programado em sua consciência "estar preparado", e ele vai precisar de um tempo bem maior para tomar banho, vestir-se e se aprontar para o dia. Não existe modo certo ou errado, mas apressar um taurino que esteja tentando desesperadamente fazer as coisas de certo modo só irá deixá-lo transtornado e retardá-lo ainda mais.

Se você precisar acordar mais cedo para preparar seus filhos taurinos para a escola, ponha o despertador e reduza o nível de estresse.

Meu taurino não quer vender nossa casa para irmos para outra maior/menor/mais próxima do trabalho...

Quando um taurino compra uma casa e "se acomoda", a última coisa que ele quer é vendê-la para se mudar.

Argh! Como você pôde pensar nisso? Fazê-lo livrar-se de uma coisa pela qual ele se encantou, que contém todas as coisas de que ele gosta, no lugar de que gosta?

Aqui, uma vez mais, você vai precisar de muita paciência para fazer com que o taurino se sinta bem com a venda da casa e a mudança. Eles não gostam disso.

Tive clientes que preferiram o divórcio a perder a casa. E mesmo com o divórcio, a dor maior será a perda da casa e de toda a energia, as lembranças e os objetos associados a ela.

Um taurino só vai querer se mudar se isso estiver relacionado com seu trabalho. Muitos taurinos mudam de residência caso seu trabalho assim o exija, pois é algo relacionado com salário e finanças.

Se você "defender sua causa" com base em dinheiro, ele vai apoiar sua sugestão, mas se você quiser que o taurino mude por conta de algo que ele considera um capricho, terá uma batalha pela frente. E essa batalha será persistente, implacável, obstinada e penosa.

* * *

Como este é um livro útil, vou incluir alguns problemas cotidianos que as pessoas costumam ter com parceiros taurinos:

Meu taurino tem muita dificuldade para expressar seus sentimentos por mim. Eu lhe digo que o amo e ele responde: "Não tenho nada exceto amor por você". Com o tempo, parei de lhe dizer o que sinto por ele, porque ele não gosta de retribuir.

Obviamente, essa senhora demonstra o que sente e, pelo jeito, deve ser leonina. Ela gosta de ouvir que é amada, e com frequência. Uma vez por semana, de vez em quando ou no seu aniversário não será suficiente. Na verdade, se ela for mesmo de Leão, vai querer ouvir isso pelo menos cinco ou seis vezes por dia!

Temos aqui o raciocínio de um jovem taurino. Gosto de ouvir o ponto de vista dos outros signos solares e, se prestarmos atenção, podemos acompanhar seu processo mental:

"Sou um taurino (20 anos) e no meu caso não falo muito mesmo... sou do tipo silencioso; quando estou com a pessoa que amo, falo –

muito –, porque quero que ela se sinta segura e à vontade quando está comigo... sou uma pessoa extremamente afetuosa, e por isso, em vez de lhe dizer que a amo, eu a abraço e a aperto junto a mim, e é assim que digo o que sinto por ela...

Sou uma pessoa mais adepta da linguagem corporal. Comunico-me com o corpo, porque não sou bom com as palavras.

Não sei que tipo de taurino é seu namorado, mas se uma garota me dissesse que me ama, com sinceridade, eu faria qualquer coisa para mostrar a ela que a amo ainda mais e que ela está SEGURA!

Uma vez, beijei minha namorada na véspera do ano-novo e ela se aninhou em meus braços e sussurrou que se sentia segura comigo – melhor noite da minha vida".

Como você pode perceber, ele quer que sua amada se "sinta segura", porque é isso que ele quer sentir, segurança, e por isso ele procura fazer, de maneira prática, que sua amada sinta a mesma coisa. E achei muito lindo ele se lembrar do que ela disse na véspera do ano-novo, que ela se sentia segura com ele.

Isso funciona nos dois sentidos; não é uma exclusividade dos homens de Touro:

"Sou virginiano. Minha namorada (três meses e meio de namoro) é de Touro, e vejo que as coisas são bem complicadas com ela. Ela é uma mulher adorável, meiga e gentil, além de ser incrivelmente sensual. Ela não fala muito sobre nosso relacionamento, e por isso não tenho ideia do que ela pensa a respeito, de como ela quer que ele seja, se ela acha que sou alguém com quem pode se divertir um pouco ou um possível parceiro de vida. A vida dela é bastante agitada, e eu preciso me ajustar a isso, e sinto que ela não está tão preocupada assim comigo. Por outro lado, sinto-me apaixonado

por ela, embora tenha tentado abrandar minhas emoções recentemente, pois estava começando a me magoar o fato de ela não estar me correspondendo. Fisicamente, sinto-me ótimo ao lado dela, mas ela é tão pouco comunicativa que não sei se o que estou fazendo é bom e nem se ela está satisfeita. Parece bom, mas preciso de confirmação verbal".

Você se lembra de que dissemos antes que o corpo era importante para o taurino? Você pode falar à vontade, mas, a menos que seus corpos estejam em sintonia, não há conversa que mude as coisas.

E por que essa *necessidade* de conversar? Não é esse o foco desse signo de Terra. Fique atento às suas ações.

Para o taurino, isso significa cozinhar, transmitir-lhe segurança com base em uma casa com aquecimento e comida, confortos como cadeiras macias e uma cama agradável, uma carona quando chove, roupas lavadas e bem passadas, assistir aos programas prediletos na televisão ou ouvir as músicas favoritas. Touro deve ser o único signo capaz de fazer o que chamo de "sentar". Eles podem ficar sentados durante horas, olhando pela janela. Não existe o impulso de "fazer". Isso é com os signos de Fogo. Não há a necessidade de conversar; isso é com os signos de Ar. Não sentem a necessidade de se conectar emocionalmente; isso é com os signos de Água.

O taurino só deseja "ser".

Uma coisa meio Zen.

Ser seguro.

Ser.

Capítulo 7

♉ *As soluções* ♉

O psicoterapeuta taurino Sigmund Freud definiu felicidade, no seu sentido mais estrito, como "a satisfação bastante súbita de necessidades fortemente postas em êxtase".

Como sugere este livro, estamos aprendendo a ajudar os taurinos a se *sentirem* satisfeitos. Antes de avançarmos nas soluções, quero definir o que é satisfação.

Satisfazer: preencher as expectativas ou os desejos [de alguém], ser adequado, contentar, agradar.

Antes de preencher as expectativas de alguém, você precisa se perguntar quais são essas expectativas. Uma coisa que deixa os taurinos alucinados é não *perguntar* o que eles querem ou do que gostam ou precisam, simplesmente presumindo que já sabe.

Se você perguntar "Como posso agradar você?", "Como posso fazer você sentir segurança?", "Como posso satisfazer aos seus desejos?", isso vai soar como música para esses nativos.

E depois ouça as respostas.

Eles não vão repeti-las; provavelmente, só vão lhe dizer uma vez, e você só terá de lhes pedir uma vez para que os seus desejos sejam satisfeitos.

♉ As soluções ♉

Eis o que disse a taurina Harper Lee, autora de *O Sol É para Todos*, sobre repetir-se: *"Eu disse o que queria dizer e não vou dizê-lo novamente".*

O taurino não quer ter uma discussão de signos de Ar sobre os motivos e as razões dessas escolhas. Ele pode lhe dizer que adora bife. Ou couve. Ou cetim macio. Ele responde às perguntas e espera por uma ação...

Perguntei a alguns taurinos o que fazia com que se sentissem satisfeitos.

Yankel estuda numa universidade inglesa. Eis o que ela me disse sobre como se sente quando está satisfeita:

"Só me sinto satisfeita quando as coisas que estou fazendo ficam perfeitas, não importa o que sejam: um excelente exame final ou apenas uma boa refeição".

Nina diz que é...

"... ajudar os outros, realizações".

Celia fica satisfeita com diversas coisas:

"Minha vida! Hoje e em retrospectiva! Mais especificamente, quando consigo cuidar um pouco do jardim e escrever alguma coisa, além de fazer bhakti yoga (cântico devocional)".

Caroline (que também é escritora) explica:

"Escrever, terminar um bom livro. Ser espiritual. Comer alimentos básicos".

♉ Como agradar um taurino ♉

Gostei deste termo "alimentos básicos" – foi algo bem taurino. Portanto nada de *nouvelle cuisine* para ela!

Marla fala de coisas que a satisfazem:

> *"Uma boa refeição. Concluir tudo que precisava ser feito até o fim do dia. (Completar listas.) Fazer ginástica e ter aquela sensação refrescante que vem depois. Lavar os cabelos e tomar uma ducha no final de um dia árduo cuidando do jardim, poder ver o que terminei nesse dia. Concluir tarefas de costura, criar alguma coisa que posso vestir".*

O famoso músico taurino Yehudi Menuhin fala de seu trabalho e de como ele só precisa fazer um pequeno gesto para que a orquestra responda quando ele está regendo:

> *"Eles são sensíveis; eles me conhecem bem e eu os conheço. Posso, com um pequeno gesto, evocar alguma coisa que eles identificam como uma intenção que nunca existiu antes. É uma sensação deliciosa; dá, na verdade, a impressão de estar montado num cavalo – algo que reage. Que compreende a situação. É uma satisfação maravilhosa".*

Uma coisa é certa. Se quiser que seu taurino se sinta satisfeito, ele precisa ter um espaço que possa chamar de "lar". Mas é diferente daquilo que o canceriano chama de lar. Este não liga para o lugar onde está o lar, desde que ele exista e tenha alguém cuidando do lugar; pode ser uma cabana no deserto – não importa. Porém quando se trata de um "lar" para um taurino, ele precisa ser um pouco diferente. Precisa ser um lar e uma base, pois vai afetá-lo pelo resto da vida.

♉ As soluções ♉

Os pais de meu amável marido moraram na mesma casa durante toda a vida dele. Quando meu sogro morreu, minha sogra se recusou a se mudar e ficou morando lá até morrer.

Para meu marido, uma das coisas mais difíceis que enfrentou foi a venda da casa de sua família. Não foi o fato de ele não morar mais lá. Não que ele ainda *quisesse* morar lá, mas quando ele viu, no site da imobiliária, fotos da casa de sua infância, com uma foto da cadeira na qual sua mãe costumava se sentar, o forno Aga e a mesa da sala de jantar, ele se conscientizou não só de que sua mãe querida tinha morrido, como do fato de que o lugar que despertava nele tantas lembranças seria adquirido por outra pessoa, que outra pessoa iria morar nele, e esse lugar não seria mais "dele".

Ele teve de dizer adeus não apenas à sua mãe, mas também à toda a *sua* vida pregressa. Como se parte de sua existência também tivesse morrido.

Bem, um geminiano, um aquariano ou um ariano médio mal se incomodariam com esse tipo de coisa. Eles não equiparam uma "coisa" física com a sua existência, mas o taurino sim.

Celia é taurina, escritora, mãe, esposa, avó, jardineira e companheira espiritual de nativos norte-americanos com quem fez amizade. Ela passou parte de sua terceira década de vida no Canadá com o povo de Arrow Lakes e escreveu sobre sua experiência de vida com eles em seu livro *A Twist in Coyote's Tale*.*

Aqui, ela descreve a mudança com seus três filhos para uma casa nova. O prédio era usado antes como restaurante, mas fora alugado como casa de veraneio.

---

* O título é um jogo de palavras: "Uma torcida na história do coiote", "história" (*tale*) soando como "cauda" (*tail*). (N. do T.)

Mudar com a família para esse ex-restaurante exigiu um pouco de criatividade. O novo proprietário, carpinteiro e marceneiro habilidoso, transformou o grande restaurante num dormitório e numa sala de jogos, e eu reinventei o bar como uma cozinha; a sala de jantar original, um espaço grande, luminoso e arejado, pontilhado de grossas toras de apoio do tamanho de postes telegráficos, numa espaçosa sala de estar aberta. Fechei um dos cantos com plantas e vidro jateado; meu dormitório tinha uma fabulosa vista para o rio. Uma plataforma elevada (cuja função original não se pôde descobrir) serviu como dormitório do tipo *loft*, enquanto a galeria inferior em dois níveis, com sua própria entrada e vista para o rio, tornou o lugar perfeito para os adolescentes ficarem.

Esse relato não é da morada "padrão" do taurino, mas descreve maravilhosamente a necessidade que o taurino tem de possuir um lar, pois sem isso ele não tem uma "base" de operações.

Conheço taurinos que, ao se prepararem para casar, passam mais tempo e gastam mais energia organizando a casa do que preparando a cerimônia em si. Conheço ainda muitos taurinos que têm dificuldade para se separar, porque aquela casa, que eles passaram tantos anos financiando, pagando, consertando, pintando, decorando, cuidando, limpando, impermeabilizando, revestindo, isolando, aquecendo, acarpetando, na qual moraram, comeram e receberam os amigos, tornou-se quase uma parte deles mesmos.

Lembre-se: Touro é prático e precisa de soluções firmes, sólidas e práticas para a maioria dos problemas cotidianos.

Você pode modificar um pouco a ajuda que lhe oferece levando em conta o Ascendente ou a Lua do taurino. Celia tem

Ascendente em Gêmeos, e por isso ela se mudou muito de casa; mas, como é taurina, ter uma casa/lar é uma de suas maiores prioridades.

As Essências Florais de Bach também podem ajudar a amenizar problemas emocionais.

Ascendente ou Lua em Áries

Só existe um meio de ajudar esta combinação – fazer alguma atividade física e/ou esportiva. Pegue seus tênis de corrida ou a sacola de esportes, encontre-se com o Touro/Áries e leve-o para despejar seus sentimentos na quadra de tênis ou de basquete, no campo de futebol ou em algum lugar onde ele possa movimentar o corpo. Se quiser que ele se sinta melhor, não se preocupe em conversar; a solução necessária é AÇÃO. Evite atividades que ponham vocês em risco; portanto nem pense numa sessão de esgrima ou de boxe: você corre o risco de ser o alvo de sentimentos estressantes!

Ascendente ou Lua em Touro

As energias do duplo Touro visam a proporcionar a sensação de segurança e conforto. Combine uma data firme e leve o duplo Touro para uma bela refeição de primeira num restaurante bem caprichado, ou, no mínimo, cozinhe para ele. Tire o pé do acelerador e acompanhe sua linguagem corporal. Ofereça chocolates e bons vinhos, deixe-o bem relaxado. Se você sabe fazer massagens, será a salvação dele; se não, contrate alguém que consiga dispersar essas energias angustiantes com óleos perfumados e movimentos repousantes. O corpo precisa ser bem tratado, e para isso é preciso contato físico e respiração profunda. A mente e outras preocupações podem ser tratadas mais tarde.

Ascendente ou Lua em Gêmeos

Neste caso, você terá de prestar atenção e ficar com as orelhas em pé. Grave cada palavra que ele disser. Um Touro/Gêmeos quer se sentir ouvido e compreendido. Se você fizer um resumo daquilo que ele lhe disser, estará pisando em terreno sólido. Talvez você consiga fazer com que ele escreva como está se sentindo, pois ele estará tão acelerado fazendo perguntas, comentários, concordando, reclamando, que você pode se perder no meio do processo. Depois que ele tiver escrito o máximo que puder, mude de assunto e faça alguma coisa completamente diferente, como sair para caminhar ou encontrar-se com outros amigos.

Ascendente ou Lua em Câncer

Pessoas com a combinação Touro/Câncer vão querer sentir suas emoções. As emoções as dominam, o que as torna um pouco chorosas. Pegue lenços e copie sua linguagem corporal; depois que Touro/Câncer chorar um mar de lágrimas, envolva-o num cobertor macio e aconchegante e acomode-o no sofá. Escute suas palavras com atenção e tente perceber o que há por trás do que ele está dizendo. Sintonize-se com seus sentimentos, que, nesse momento, serão como uma onda, avassaladora e úmida. Em pouco tempo, a onda vai se retrair e ele vai voltar ao normal. Abraços! Já falei nos abraços? Eles serão necessários, e em abundância, quando a pessoa de Touro/Câncer ficar triste; portanto acolha-a e abrace-a até a dor sumir.

♉ As soluções ♉

Ascendente ou Lua em Leão

NÃO ignore um Touro/Leão. Esses nativos querem reconhecimento e inclusão. Eles correm de um lado para o outro, suspirando, fazendo drama e gritando "Cortem suas cabeças!" ou coisas similarmente dramáticas. Ignore o drama, mas não ignore a pessoa. Você pode perguntar "Como posso ajudar você *agora*?" e fazer o que for sugerido, desde que esteja dentro sa lei e seja viável. Concorde quando ele disser que a vida é injusta e estenda o tapete vermelho com o tratamento especial e personalizado. Repita seu nome mais de uma vez, num tom amigável. Isso sempre funciona bem, assinta com a cabeça ao concordar com seus sentimentos, que certamente estarão aflorando numa velocidade alarmante. Faça com que respire bem fundo... e solte o ar lentamente... e seu lado alegre voltará em pouco tempo.

Ascendente ou Lua em Virgem

No caso de pessoas com a combinação Touro/Virgem, você vai precisar exalar calma e equilíbrio. Lembre-se da essência floral *Centaury* e sirva duas gotas dela com água antes de tentar qualquer outra forma de ajuda. O que é preciso é desligar seu cérebro. Esses nativos têm cérebro ativo e rápido; junte isso à necessidade de precisão de Virgem e tudo que eles vão conseguir pensar é em como "fazer as coisas perfeitas", almejando "fazer" milhões de coisas a respeito. No pior cenário, eles vão parecer coelhos iluminados pelos faróis do carro, congelados numa ideia recorrente da qual eles terão dificuldade para se livrar. Música relaxante, *tai chi*, exercícios físicos suaves, comida sensata e muito sono vão trazê-los perfeitamente de volta à Terra.

Ascendente ou Lua em Libra

A maioria das combinações Touro/Libra preocupa-se com relacionamentos... ou com "o" relacionamento. Se o nativo se afastou de alguém próximo e querido, você vai encontrar uma pessoa chorosa, inquisitiva, que precisa ser tratada com cuidado. Antes de tudo, não lhes dê opções. Esta é, afinal, a pessoa que estará fazendo a escolha. Vir ou ir? Ficar ou sair? Certo ou errado? Ajude no processo *não* lhe dando escolhas e leve-a para um lugar bonito e apresentável, onde ela pode equilibrar melhor as ideias. Não a corrija e nem entre em discussões. Não fale demais, deixe que o lugar que você escolheu a acalme o suficiente para que possa se reconfigurar e se sentir centrada. Yoga, massagem suave, música leve e melodiosa, como uma harpa ou algo igualmente relaxante, também podem ajudar.

Ascendente ou Lua em Escorpião

Afaste-se! Não fique perto demais quando Touro/Escorpião estiver se desmontando. Esse nativo estará consumido pela paixão de sentimentos profundos, penosos, dolorosos, e a vingança pode estar nos planos. Saiba que ele vai querer resolver a questão com soluções drásticas, dolorosas. Se você pensar na cor de sangue escuro, terá uma noção de como ele está se sentindo. É péssimo! É horrível! Ele quer pôr um FIM nisso tudo (o que quer que esteja acontecendo com ele).

Faça com que ele escreva uma carta para a pessoa ou para o problema. Diga-lhe para incluir TODOS os seus sentimentos no texto... depois, faça uma fogueira ou acenda uma vela e observe em segurança a dor e a angústia sendo consumidas pelas chamas. Seja firme. Esteja "presente". Você não pode fazer muita coisa além de esperar que os sentimentos se abrandem, como acontece com todos os sentimentos.

Ascendente ou Lua em Sagitário

É difícil fazer com que um Touro/Sagitário admita que tem um problema. Geralmente, "os outros" é que têm um problema, e "eles" terão de ser o foco da solução. Consiga alguns textos antigos. A Bíblia ou outros textos espirituais positivos de algum guru ou lama predileto, ou de outro líder espiritual, e pegue emprestado ou compre o livro para o nativo. Programe uma viagem para um lugar distante e exótico, onde ele possa "escapar" do cotidiano que causou o problema. Se as finanças estiverem apertadas, leve-o para um restaurante local de comida exótica ou converse sobre lugares distantes, diferentes. O McDonald's ou o *delivery* local não funcionariam tão bem. Ele precisa estar rodeado por pessoas e por conversas diferentes das suas próprias, para que se sinta à vontade para ter os pensamentos, os sentimentos e as opiniões que tem experimentado. Se ele gosta de esportes, leve-o para assistir um jogo, qualquer coisa que seja diferente daquilo que ele está fazendo no momento. Mudanças, mudanças exóticas são o máximo.

Ascendente ou Lua em Capricórnio

Como Capricórnio é regido por Saturno e adora soluções sérias e sensatas, um Touro/Capricórnio vai querer o conselho e a orientação de alguém mais velho e, espera-se, mais sábio do que ele. Sua principal preocupação será com "o futuro", e ele pode achar que arruinou suas chances ou perdeu uma boa oportunidade. Se você puder encontrar alguém que "já esteve lá", ele vai começar a se acalmar. Naturalmente, você pode fazer ainda melhor e ajudá-lo a pesquisar sua árvore genealógica, pois Touro/Capricórnio adora o que é antigo, testado e aprovado. Uma breve visita a uma construção histórica ou a ida a um concerto tradicional também podem ajudar... e NÃO tente apressar a recuperação. Ele precisa de tempo e de espaço.

Ascendente ou Lua em Aquário

Se você puder imaginar a solução mais estranha e inusitada para o problema, terá encontrado o elixir da felicidade. Touro/Aquário gosta de tudo aquilo que podemos definir como "incomum". Fique longe das ideias convencionais: procure o que é diferente e sem regras, e terá o mais feliz dos nativos Touro/Aquário do planeta. Fiquem acordados até tarde discutindo a Vida, o Universo, e tudo irá bem. Você pode levá-lo para ver artistas de rua, para conhecer estudantes de arte ou pessoas criando um evento ecológico juntas. Você pode ligá-lo a um simulador para que ele possa ter uma experiência maluca ou jogar um jogo no computador sem regras preestabelecidas. Tudo que não for normal, regular ou baseado na Terra. Ele quer se sentir ligado a alguma consciência humana que muda a vida das pessoas.

Ascendente ou Lua em Peixes

Pegue o Tarô dos Anjos; acenda um incenso ou algumas velas. Ponha música suave, afaste-se da "vida" e dos "humanos" e

As soluções

entre em contato com a vastidão exterior de tudo aquilo que é cósmico e divino. Qualquer forma de adivinhação será bem-vinda. Ele estará preocupado com a próxima vida e seu o *karma*; assegure-lhe de que isso está bem resolvido. A solução espiritual precisa ser crível e não deve ser fantástica demais, ou você o perderá de vista. Por trás de toda a confusão pisciana, ainda há um taurino prático. Mantenha os pés dele no chão, mas permita que sua mente vagueie por lugares onde nada machuca e ninguém o interrompe. Meditação, hipnoterapia, relaxamento, anjos, fadas, círculos de pedra, uma peregrinação – todas essas soluções são boas, e, no mínimo, um longo banho perfumado com uma grande placa "Não perturbe!" na porta.

Capítulo 8

♉ Táticas para agradar ♉

Espero que você já tenha feito o mapa astral da pessoa de Touro que lhe é próxima e querida, definindo o signo do Ascendente e da Lua.

Você já se muniu com uma ou duas Essências Florais e se sente mais confiante conhecendo essa pessoa melhor.

Agora vou lhe dar algumas dicas sobre a melhor maneira de lidar com a energia taurina em suas diferentes encarnações. Um bebê de Touro é, definitivamente, bem diferente de um chefe de Touro. Qualidades importantes como ser firme e constante ainda estarão presentes, mas você terá de modificá-las um pouco em cada manifestação.

Seus Filhos de Touro

*Que contraste perturbador entre a radiante inteligência
da criança e a débil mentalidade do adulto mediano.*
– Sigmund Freud

Nunca tive filhos de Touro, e conheço pouquíssimas pessoas com filhos de Touro. Conheço muitos taurinos, mas não os conheci na infância, e por isso esse conselho precisa provir dos próprios taurinos. Eu mesma não poderia imaginá-lo.

Conheço todas as coisas que deixam os taurinos felizes, mas será que elas funcionam bem quando eles estão crescendo? Cheguei à conclusão de que a porção infantil de Touro não é muito diferente da versão adulta; só é um pouco mais lenta e constante.

Marla, a terapeuta floral que conhecemos anteriormente, tem Ascendente em Leão, e por isso os elogios são muito importantes para ela. Marla fala de sua infância:

"Quando criança, eu era muito insegura. Não me ouviam, não me davam atenção. Meus pais ficaram preocupados porque eu não estava indo muito bem na escola na adolescência. Quando foram a uma reunião com os professores, descobriram que eu era a terceira melhor aluna da minha turma. Ao chegarem em casa, me disseram que eu estava indo 'bem', e não recebi nenhum elogio por meu desempenho. Por isso, mais tarde, eu saí um pouco dos eixos e comecei a me vestir e a me pentear de forma espalhafatosa, queria chocar, especialmente meu pai. E funcionou. Pelo menos, recebi atenção negativa! Em retrospectiva, se eu tivesse sido bem tratada, elogiada, incentivada e amada abertamente por meus pais (não me lembro de ter ouvido minha mãe me dizer que me amava, e certamente meu pai nunca disse que me amava, nem expressou essa emoção, embora hoje eu entenda que foi por causa da infância dele), eu não teria tido um começo de vida tão difícil e nem teria me casado cedo demais com o homem errado, o que fiz só para sair de casa!"

♉ Como agradar um taurino ♉

Depois, perguntei a meu marido taurino o que era importante quando ele era criança, e eis algumas das coisas de que ele se lembrou:

"Precisava de uma cama confortável, meu próprio espaço, refeições na hora certa, boa comida, rotina, contato tátil, abraços e beijos, criatividade (montar aeromodelos etc.), ser artístico, precisava que não me fizessem perguntas demais, de lógica sem complicações, belos cenários, caminhar ou andar de bicicleta, boa música de um gênero que eu gostasse, da sensação de possuir ou ter coisas. Os taurinos não gostam de mudanças, pois elas prejudicam a rotina. Gostava de planejar, de garantir que o inesperado não seria uma ameaça ou um desafio à minha zona de conforto. Sentia-me bem na minha zona de conforto, não gostava de ser ameaçado e nem de ser criticado; ter alguma ameaça iminente era muito desconfortável. Gostava de controlar o ambiente à minha volta. Se me interrompiam ou meu espaço era invadido, ficava estressado. Precisava de uma rotina para dormir, uma história, afagos na cabeça – isso é muito relaxante para o taurino".

A rotina faz com que o taurino se sinta confortável e satisfeito. Mudar as coisas ou fazê-las de maneira diferente deixa o taurino perturbado. Não faça isso!

O taurino Arthur Conan Doyle, autor da série de romances de Sherlock Holmes, disse: *"Com frequência, tenho conseguido compreender de verdade a personalidade dos pais estudando os filhos".*

Perguntei a Celia, a escritora, o que ela precisava saber para se sentir segura e amada na infância.

Ela respondeu:

> *"Que era perfeitamente aceitável não querer estar com outras pessoas e ficar sozinha, fazendo aquilo que quisesse ao ar livre. Que eles sentiam minha falta quando eu não estava por perto".*

E o que esses pais precisavam fazer?

> *"Contar para a criança o que estava acontecendo na família em vez de 'protegê-la'; abraçá-la com frequência; contar-lhe histórias mágicas, ler para ela; ouvir suas histórias."*

Mandy tem a Lua em Aquário e é homeopata aposentada. Ela me contou o que queria que seus pais tivessem entendido quando ela era criança:

> *"Eu precisava de pais com os quais pudesse contar (e os tive) para moradia e para alimentação, sabendo que eles tinham o controle das coisas. Isso quando eu era bem pequena. A partir dos 11 anos, eu gostaria que eles tivessem sido mais divertidos, introduzindo-me a coisas mais criativas, como arte. Meu pai achava importante que eu tivesse uma 'boa educação acadêmica', o que não me estimulava nem um pouco. Como filha única, coube-me encontrar meu próprio incentivo, o que consegui fazer, até certo ponto, mas eu teria gostado se me mostrassem que eu podia ser mais aventureira, e que essas coisas estavam disponíveis. Teria gostado se meu pai percebesse que o mundo ia além da matemática, que eu detestava e na qual era péssima, mas ele vivia e respirava números e problemas matemáticos".*

Marla nos proporcionou mais um vislumbre sobre esse problema, pois não só ela como seu filho mais velho são de Touro:

> *"Como mãe de um taurino, tive de pôr meu filho na linha antes, e ainda o faço, de vez em quando. Eu o escuto e compartilho coisas com ele que nunca teria conseguido fazer com meus pais. Em função disso, sinto que ele é um homem equilibrado, atencioso e educado, que está amadurecendo bem".*

Anne, astróloga, também oferece bons conselhos para quem tem filhos de Touro:

> *"A criança de Touro precisa de afeto e de tratamento suave. Por favor, não lhe diga que ela é teimosa – geralmente, ela tem um bom motivo para se comportar desse ou daquele modo, e se ela insiste em certo comportamento é porque está com medo de alguma coisa. Para ela, é difícil mudar, especialmente se isso envolve a possibilidade de perder um bem ou um ente querido. Se esse medo for afastado, ela vai aumentar seu senso de segurança, o que a ajudará a lidar com as mudanças. Pode ser difícil repartir as coisas, e dizer-lhe que ela é egoísta é contraproducente. O melhor a fazer é apelar suavemente para sua natureza atenciosa – isso costuma trazer resultados. Finalmente, eu teria adorado se tivesse tido um bicho de estimação ou passado mais tempo em contato com a natureza. Isso só aconteceu quando me tornei adulta, e sinto que perdi isso!"*

Seu Chefe Taurino

Como disse antes, tive um chefe de Touro. Ele gostava do meu trabalho, me levou flores certa vez quando atingi uma meta, me deixou cuidando de sua valiosa joalheria, mas tudo isso terminou num dia triste e infeliz.

Ele não gostava de fumantes.

☿ Táticas para agradar ☿

E enquanto eu estava trabalhando lá, tive um problema com um namorado e comecei a fumar de novo... fora da loja. Ele não gostou nem um pouco. Só fiz aquilo uma vez. Um pouco depois, voltei a trabalhar e ele me chamou no escritório, no andar de cima. Subi as escadas, perguntando-me por que ele queria me ver. Eu tinha feito as encomendas direito? Atingira as minhas metas? Tinha limpado a loja do jeito que ele queria? Não consegui imaginar por que ele queria conversar comigo, já que normalmente conversávamos na loja pela manhã.

Entrei no escritório dele e cinco minutos depois saí de lá novamente, com lágrimas nos olhos, abalada por ter sido despedida. Ele não me disse o motivo, mas sei que foi por causa do cigarro. Eu o decepcionara muito, pois fizera a mesma coisa que ele detestava nas outras lojas: a visão dos funcionários em pé do lado de fora da loja, baforando seus cigarros.

Perguntei à secretária dele se ela sabia o que tinha acontecido, e tudo que ela conseguiu dizer foi que eu fui uma das muitas que ele tinha despedido.

Se você tiver um chefe ou uma chefe de Touro, procure *estabelecer desde o início* o que pode e o que não pode ser feito. Essa será sua realidade imutável. Se disser que gosta de flores no escritório na segunda-feira, lembre-se disso. Se disser que gosta do martíni batido e não mexido, preste atenção também. Se disser que não gosta de fumantes, nada do que você diga pode mudar essa opinião.

Nada.

Aprendi isso a duras penas, mas, na verdade, ele me fez um favor, pois foi aí que tive de concentrar minha energia nas carreiras de homeopata e de astróloga, e eu não teria conseguido fazer isso se ainda estivesse vendendo brincos e colares.

Touro e o Amor

Duvide da luz dos astros,
Duvide de que o Sol tenha calor,
Duvide até da verdade,
Mas nunca duvide do meu amor.
– Shakespeare (de *Hamlet*)

Sem dúvida, todos os signos do Zodíaco gostam de amar e de serem amados, mas Touro (e Libra) é regido pela Deusa do Amor, Vênus, e por isso tem mais acesso à verdade do amor.

Quando o seu regente astrológico é voltado para o amor, é bem provável que você se sintonize nesse assunto. A diferença entre o amor de Libra e o amor de Touro é que este é mais terreno, mais arraigado e certamente mais prático.

Por isso, poucos taurinos suportam um romance a distância, ou um relacionamento complicado ou complexo.

Tenho uma parente que só se apaixonou e se casou com cinquenta e poucos anos, e hoje é uma mulher muito feliz, pois seu marido e ela têm os mesmos interesses (eles se conheceram na igreja). Ela não estava preparada para aceitar uma segunda opção e se guardou até o "Senhor Certo" aparecer. A paciência taurina foi boa para ela.

Sua Namorada Taurina

Para namorar com sucesso uma taurina, você terá de descartar a ideia de que pode apressá-la ou forçá-la a fazer o que ela não quer.

♉ Táticas para agradar ♉

Temos aqui Diana, num site de namoro, dizendo o que ela procura num relacionamento e falando um pouco sobre si mesma. Se você quiser saber o que motiva um signo solar, sugiro que visite um site de namoro e veja como as descrições que as pessoas fazem de si mesmas batem perfeitamente com seus signos solares... mesmo que não se interessem pela Astrologia.

Sobre Diana:

> *"Depois de ouvir meu chefe me dar conselhos (sem que eu tivesse pedido) sobre 'como conseguir um cara' (o que irritou muito a feminista que existe em mim), decidi que era hora de procurar o meu Senhor Darcy (do Diário de Bridget Jones, não de Orgulho e Preconceito).*
>
> *Todas as minhas tentativas de me tornar uma Nigella Lawson mais magra foram desastrosas – consegui até queimar um ovo. Fui a uma partida de cricket no ano passado e fiquei perguntando quantos gols tinham sido marcados. Aparentemente, esses são os talentos de que preciso para 'conseguir um cara'. (Eu ficava ouvindo e fingindo que não conseguia virar suficientemente os olhos para trás.)*
>
> *Sou, porém, segundo meu irmão, tranquila e meiga. Também gosto de mexer nos cabelos enquanto faço comentários espirituosos. Embora trabalhe na cidade, sou uma pessoa feliz; é preciso muita coisa para me perturbar. Sou feminista (não tinha percebido?) e me recuso a deixar que um homem me pague um jantar. Melhor irmos a um lugar mais barato. Antes, eu era uma dessas pessoas que joga tinta nas celebridades que usam casacos de pele, mas infelizmente eu mudei.*
>
> *Ah, meus olhos são bonitos."*

Quem ela está procurando:

"Alguém que saiba abraçar. E que seja suficientemente organizado para programar e fazer coisas, em vez de simplesmente ler sobre elas na revista Timeout, *como eu faço".*

Bem, aí está você, esperando namorar uma taurina. Eis o que você precisa saber.

Antes de qualquer coisa, você precisa marcar um encontro. Uma data com horário e local, respeitando-os. Não faça uma vaga tentativa de se encontrar, pois a taurina vai ficar confusa e aborrecida.

Não imagine que ela vá sugerir um local para se encontrarem. Isso é tarefa sua.

Lembre-se de chegar cedo, pois ela fará isso. Talvez não esteja sentada no bar conforme combinado, mas já terá estacionado o carro ou estará no banheiro arrumando os cabelos, a maquiagem ou as roupas, verificando se está apresentável.

No primeiro encontro, não deixe de tocar a mão dela suavemente, ou de afagar o braço dela acidentalmente, ou de tocar seu corpo de algum modo (sensato), ajudando-a a vestir o casaco. Se quiser impressioná-la, abra a porta para ela ou puxe sua cadeira. Se você fizer alguma coisa "antiquada" ou "retrô", ela estará na sua vida para sempre.

Não complique demais esse primeiro encontro. Ela não é sagitariana e não vai querer sair numa "aventura" com bicicletas. Ela não é ariana e não vai querer ir a um lugar agitado ou excitante. Ela não é leonina, e não vai querer ir ao teatro; e ela não é geminiana, por isso não sugira o cinema.

Eis algumas opções para um programa:

Uma refeição, uma bebida, uma caminhada lenta numa reserva natural, uma propriedade do Patrimônio Histórico ou um jardim, um passeio na praia, uma conversa tranquila num lugar reservado, visita a uma galeria de arte, uma refeição caseira reconfortante ou uma bebida e um passeio de carro até algum lugar romântico/bonito.

Seu primeiro encontro não precisa ser um entretenimento completo, agitado e dançante.

Seu Namorado Taurino

Namorar um homem de Touro é um pouco diferente de namorar uma mulher de Touro. Entretanto detalhes como não se apressar e manter contato físico serão necessários.

Nadine é uma praticante de magia branca e terapeuta alternativa. Ela mora e trabalha no oeste da Inglaterra, perto de mim; nós duas somos piscianas e ambas nos casamos pela segunda vez com taurinos! Eis o que ela diz sobre o namoro com um taurino:

"Para mim, foi bem diferente ter um namorado e depois um marido taurino, pois meu primeiro marido foi um leonino esquentado. Quando saíamos, eu tinha de esperar que meu namorado taurino fizesse os planos, o que era desesperador! Porém os programas eram sempre muito bons, os arranjos eram perfeitos, as portas sendo abertas e a excelente comida – os taurinos sabem escolher!

"Confiável, leal e sólido são palavras que eu empregaria para descrever meu maridão – mas com um senso de humor diferente! Se pedir a opinião dele, ela será justa e equilibrada e nem sempre popular, mas baseada em conhecimento sólido e boa intuição.

> *Do ponto de vista negativo, nunca espere uma decisão rápida – a compra de um carro exige meses de pesquisa! Nunca pegue nada dele emprestado e nem tente pegar comida do prato dele se não quiser sobrancelhas erguidas e indignação!"*

Parecem ser bons conselhos. Vamos ver o que dizem nos sites de namoro.

Temos aqui Jacob, um encarregado de preservação do meio ambiente de 28 anos em busca de amor.

Sobre Jacob:

"Obrigado por parar aqui.

Sou muito tranquilo... um sujeito fácil de lidar, que ainda não sabe muito bem o que deseja, mas que todos os dias fica mais à vontade com isso! Menos trabalho e mais tempo livre é o plano atual. Gosto de fazer coisas: na semana passada, por exemplo, fui a Snowdon, comprei um tapete, fiz um curso de conscientização, mudei minha rotina de trabalho para quatro dias por semana.

Mas foi uma semana bem agitada. Ah, essa foto do meu perfil não se parece nem um pouco comigo. Deve ter sido a luz favorável ou algo assim. Não tenho, literalmente, a menor ideia de quem seja esse sujeito. A única coisa que tenho em comum com essa foto é que não mostro meus dentes quando sorrio. E é estranho, porque meus dentes são bem bonitos.

Quem Jacob está procurando:

"Você prefere passear no campo ou em Londres?
Você ri de si mesma quando tem chantili no seu nariz?

☿ Táticas para agradar ☿

> *Você é esperançosamente romântica acredite num mundo repleto de separações, solteiros felizes e divorciados? Faz boas escolhas e acerta?*
>
> *Você precisa ficar à vontade com este sobrenome, Ringhouse, pois se nos casarmos, você vai usá-lo. Sim, é horrível; você fica sem espaço para escrever o seu nome nesses formulários com caixinhas impressas pelo computador. Puxa, podia ser pior, podia ser Higginbottom ou Pratt. Pensando bem, é melhor você continuar a usar o seu sobrenome.*

Como já disse ao falar da namorada taurina, você terá de aceitar que seu primeiro encontro não será numa canoa pelo rio Arkansas, no Colorado; isso é com sagitarianos. Também não será num seminário sobre teatro em Glastonbury; isso é com leoninos.

Não! Seu primeiro encontro, como disse Jacob, vai envolver um passeio, preferivelmente no campo (pois ele trabalha com preservação ambiental).

"Raios", você pode estar pensando. "Isso parece bem maçante!"

Acalme-se, Senhorita Apressadinha!

Uma bela e reconfortante caminhada pelo campo pode ser bem divertida. Ele pode conhecer os pássaros por meio de seus cantos, mostrando-os enquanto passeiam. Ele pode lhe perguntar muitas coisas a seu respeito, ouvindo *mesmo* com atenção. Ele pode até ter planejado que sua caminhada irá culminar num barzinho rústico com uma lareira romântica para afastar o frio. E, quando vocês chegarem lá, pode ser que ele já saiba os pratos e as bebidas de sua preferência, pois ele lhe terá perguntado enquanto vocês caminhavam...

Não parece bom? Ser ouvida e apreciada? E agora, ainda quer praticar canoagem?

O que Fazer Quando seu Relacionamento com um Taurino Termina

Signos de Fogo

Se o seu signo é de Fogo – Áries, Leão ou Sagitário –, você vai precisar de alguma coisa ativa e excitante para ajudá-lo a superar o fim do relacionamento.

Você vai precisar usar o Elemento Fogo no processo de cura.

Compre uma bela vela noturna, acenda-a e recite: "Eu... (seu nome) deixo você (nome da pessoa de Touro) ir, em liberdade e com amor, para que eu fique livre para atrair meu verdadeiro amor espiritual".

Deixe a vela noturna num local seguro, para que queime completamente. Calcule uma hora, pelo menos. Enquanto isso, reúna quaisquer objetos pertencentes a seu (agora) ex e mande-os de volta para ele. É educado telefonar antes e avisá-lo de que você está indo.

Se tiver fotos dos dois juntos, recordações ou até presentes, não se apresse em destruí-los como alguns signos de Fogo costumam fazer. É melhor deixar tudo numa caixa no porão ou na garagem até você se sentir melhor.

Depois de alguns meses, vasculhe a caixa, mantenha as coisas de que gosta e doe aquilo de que não gosta.

Signos de Terra

Se o seu signo é de Terra – Touro, Virgem ou Capricórnio –, é menos provável que faça alguma coisa drástica ou extrema. Talvez demore um pouco para recuperar o equilíbrio, por isso dê-se algumas semanas e no máximo três meses de luto.

Você vai usar o Elemento Terra para ajudar em sua cura, com o emprego de cristais.

Os melhores a se usar são aqueles associados ao seu signo solar e também à proteção.

Touro = Esmeralda
Virgem = Ágata
Capricórnio = Ônix

Lave o cristal em água corrente. Embrulhe-o num tecido de seda e vá caminhar pelo campo. Quando encontrar um lugar apropriado, silencioso e no qual você não sofrerá interrupções, cave um pequeno buraco e coloque o cristal no chão.

Passe alguns minutos pensando no seu relacionamento, nos bons e nos maus momentos. Perdoe-se por quaisquer erros que você possa ter cometido.

Imagine uma bela planta crescendo onde você enterrou o cristal e que a planta floresce e cresce com vigor.

Ela representa seu novo amor, que estará com você quando chegar o momento apropriado.

Signos de Ar

Se o seu signo for de Ar (Gêmeos, Libra ou Aquário), talvez você queira conversar sobre o que aconteceu antes de terminar o relacionamento. Signos de Ar precisam de razões e respostas, e podem desperdiçar uma preciosa energia vital procurando essas respostas. Talvez seja preciso se encontrar com a pessoa de Touro para dizer a ela exatamente o que você pensa ou pensou sobre suas opiniões, suas ideias e seus pensamentos. Você também pode sentir a tentação de dizer agora o que pensa sobre ela, coisa que não recomendo.

É bem melhor expor seus pensamentos de forma tangível, escrevendo uma carta para o ex-taurino. Não é uma carta para se enviar pelo correio, mas ao escrevê-la você precisa imprimir a mesma energia que colocaria *se* fosse mesmo enviá-la.

Escreva-lhe nestes termos: "Caro(a) Sr./Sra./Srta. de Touro, espero que você esteja feliz agora em sua nova vida, mas eis algumas coisas que eu queria que você soubesse e entendesse antes de dizer adeus".

Então, relacione todos os hábitos incômodos a que seu (ex) taurino se dedicava. A lista pode ter a extensão que você quiser. Inclua quantos detalhes desejar, abrangendo coisas como as vezes em que ele ficou preocupado com as contas, ou não deixou você jogar nada fora, ou ficou o ano todo dentro de casa.

Escreva até não conseguir mais e encerre sua carta com algo similar ao seguinte: "Embora não fôssemos feitos um para o outro, e eu tenha sofrido por isso, desejo-lhe felicidade em seu caminho". Ou algum outro comentário positivo.

Depois, rasgue a carta em pedaços bem pequenos e ponha-os num pequeno frasco. Vamos usar o Elemento Ar para corrigir a situação.

Vá até um lugar ventoso e alto, como o topo de uma colina, e, quando achar que deve, abra o frasco e espalhe alguns pedaços aleatórios da carta ao vento. Não use a carta toda ou você corre o risco de levar uma multa por sujar o lugar, só o suficiente para ser significativo.

Observe esses pedacinhos de papel voando ao longe e imagine-os conectando-se com os espíritos da natureza.

Agora, seu relacionamento terminou.

Signos de Água

Se o seu signo for de Água – Câncer, Escorpião ou Peixes –, pode ser mais difícil recuperar-se rapidamente desse relacionamento. Talvez você se flagre chorando em momentos inoportunos, ou ao ouvir a música "de vocês" no rádio, ou quando vir outros casais felizes na companhia um do outro. Você pode acordar à noite achando que arruinou sua vida e que o ex-taurino está se divertindo. Como você já deve ter percebido, é pouco provável que isso esteja acontecendo. Seu ex deve estar tão abalado quanto você.

Portanto sua cura emocional precisa incorporar o Elemento Água.

Como você é capaz de chorar pelo mundo, da próxima vez em que estiver se banhando em lágrimas, pegue uma gotinha e coloque-a num pequeno copo. Mantenha um à mão para essa finalidade. Decore-o, se quiser. Flores, estrelas ou coisinhas brilhantes.

Preencha o copo com água e ponha-o sobre a mesa.

Depois diga o seguinte:

Este adorável relacionamento com você, ... (nome da pessoa de Touro), terminou.
Estendi-me através do tempo e do espaço para chegar até você.

Minhas lágrimas vão lavar a dor que sinto.
Tiro você de meu coração, de minha mente e de minha alma.
Partamos em paz.

Beba lentamente a água. Imagine a dor dissolvendo-se e livrando você de toda a ansiedade e de toda a tristeza.

Depois, passe as próximas semanas tratando-se bem. Se precisar conversar, procure alguém de confiança e abra-se com essa pessoa. Tenha lenços de papel à mão.

Seus Amigos de Touro

Tenho alguns amigos de Touro muito queridos. São leais, divertidos, têm um excelente senso de humor, cozinham muito bem ou, no mínimo, sabem onde podem comer bem, e têm a capacidade de me ajudar a compreender o ponto de vista dos outros.

Quando estava estudando homeopatia, minha supervisora e eu ficamos muito amigas, e essa amizade durou oito anos, enquanto trabalhávamos juntas como voluntárias numa organização de caridade para pessoas sem teto ou viciadas. Ela sempre aparecia na hora com as garrafas térmicas e os sanduíches, pois preferia almoçar sem pressa logo que chegava. Diferente de mim, que engolia a comida de qualquer jeito e depois atravessava a cidade em minha motoneta.

Ela seria a meiga "observadora" e eu a "inquiridora". Se o cliente estivesse muito abalado mentalmente e ela não conseguisse manter a conversação, eu assumia, dando *feedback* e sugestões ao cliente. Tornamo-nos uma equipe dinâmica, e gostei de cada minuto desse trabalho.

♉ Táticas para agradar ♉

Quando decidiu que devia parar de trabalhar lá, ela simplesmente parou. Nada do que eu dissesse a faria mudar de ideia. Você se lembra do meu chefe taurino? Depois que o Touro decidiu algo, esqueça qualquer tentativa de fazê-lo mudar de ideia. É perda de energia.

Quando eu quero uma solução prática para um problema, recorro a meus amigos taurinos. Cada um deles tem seu mundo prático e sensato bem organizado e pode me transmitir conhecimentos em palavras de até duas sílabas para que eu possa compreender a informação e usá-la. Se quiser entender alguma coisa que para você seja difícil, peça a um taurino para explicá-la. Na verdade, se quiser aprender ainda mais, peça a um taurino para *mostrar-lhe*, pois eles costumam ser muito bons com as mãos.

Se o seu signo for de Fogo ou de Ar, não recomendo que passe muito tempo com seus amigos taurinos, pois vocês podem se esgotar mutuamente. Touro não consegue viajar de forma mental ou física tão depressa quanto você e pode acabar se perdendo em conversas rápidas demais.

Se além do Sol seu amigo tiver Mercúrio em Touro, sua capacidade de dar respostas ágeis será pequena. Ele precisa de tempo para pensar e desenvolver estratégias.

Sua Mãe Taurina

Se a sua mãe é de Touro, isso pode ajudar ou prejudicar você, dependendo do seu signo. Se o seu signo é de Fogo ou de Ar, seu corpo e seu ambiente podem ser bem resolvidos, mas sua energia e sua mente estarão próximas da não existência.

Não deixe que isso se torne um problema. Se sua mãe é de um elemento diferente, há muitos remédios e dicas para ajudar você.

Laima estuda escrita criativa, é geminiana e mora na Lituânia. Ela nos conta o que significa para ela ter uma mãe de Touro, um signo de Terra:

"Ter uma mãe de Touro significa ser alimentada, vestida e ter um ambiente organizado. Minha mãe sempre se preocupa em saber se eu tenho um suéter para o próximo inverno, se eu preciso de um casaco ou de um cachecol novo... Mesmo que para mim a estação ainda pareça distante e eu nem me preocupe com sua chegada. Como ainda morava com meus pais quando comecei a estudar, essa atenção física prática ficava bem perceptível na época dos exames. Eu ficava sentada estudando durante horas em meu quarto, e minha mãe vinha e me perguntava o que eu gostaria de comer e depois trazia a comida, sempre no intuito de suprir minhas principais necessidades corporais. Ela também era obcecada com a ordem e costumava reclamar (ainda o faz) que ver o meu quarto ainda iria lhe causar um ataque cardíaco (pois eu tinha coisas espalhadas por toda a parte, mas era a única maneira de eu conseguir encontrar as coisas!).

Do lado negativo, ela nunca perguntava como eu estava me sentindo, ou qualquer coisa além desses aspectos práticos. Eu me sinto monitorada constantemente; ela precisa saber onde estou e o que estou fazendo a cada minuto do dia. Mal eu piso em casa e o telefone já toca para saber se eu cheguei. Mas ela nunca me conheceu como pessoa, e nunca tentou fazê-lo. Nunca estimulou meus planos ou sonhos; sempre que eu tentava verbalizar um deles, ela dizia algo como 'Vamos ver o que vai acontecer', ou 'Mas para isso você

♉ Táticas para agradar ♉

vai precisar disto e daquilo'. Eu não sou tonta; eu sei do que preciso – e não preciso que ninguém fique me lembrando. Preciso que alguém me diga 'Vamos, tente, boa sorte!'. Até a escolha da minha área de estudos foi tratada não em termos do que gosto ou do que quero, mas do emprego que posso conseguir depois de me formar e da remuneração que posso ter. Os aspectos práticos e 'objetivos' de tudo sempre foram considerados mais importantes do que meus próprios sentimentos.

Depois de tanta reclamação, devo dizer que ela melhorou muito nos últimos anos e realmente está tentando ver o meu lado das coisas e o que é importante para mim. Do contrário, eu não estaria em Londres, estudando escrita criativa. No entanto, de modo geral, o problema é este: ela era ótima para cuidar das coisas práticas, mas não ouvia o que eu tinha a dizer ou como me sentia. Sempre que expressava uma ideia, ela reagia com ceticismo ou com uma lista de necessidades (como se elas não fossem óbvias), quando eu só precisava que ela acreditasse em mim.

E eis uma coisa que tenho dito há um bom tempo. Ela me achava imatura porque eu não prestava atenção no lado prático e material. Acho que ela não 'evoluiu' e nem ficou mais sábia, pois ela SÓ se preocupa com essas primitivas coisas materiais.

Ah, mais uma coisa: é impossível vencer uma discussão com um taurino. Mesmo que você mostre que ele está errado, ele vai começar a dizer coisas como 'não quero mais falar com você', 'chega, vamos encerrar esta discussão agora', 'só vamos conversar quando você estiver mais calma', ou coisas do tipo, só para não ter de encarar o fato de que ele está errado.

A mãe de um amigo leonino também é de Touro. Certa vez, ele me disse: 'Se o taurino precisa que a geladeira seja azul para ganhar uma discussão, então ela será azul, e você poderá fazer o que quiser e mostrar que ela obviamente é branca. Se o taurino precisa que seja azul, então ela será azul – e você não vai mudar isso."

É muito frustrante. A gente nunca consegue discutir com eles de forma inteligente".

Sim, é verdade.

O taurino médio não quer "ter uma discussão", pois, segundo seu ponto de vista, isso é uma perda de tempo precioso, que poderia ser empregado de maneira bem mais produtiva. Signos de Ar e de Fogo adoram tagarelar, argumentar e "discutir", como o meu filho de Libra costuma dizer, mas nós, signos de Água (e de Terra também), não somos hábeis no pingue-pongue verbal, preferimos expressar sentimentos em vez de falar sobre "ideias".

Porém se o seu signo for de Água ou de Terra, sua mãe taurina será uma deusa. Você receberá roupas, comida, trajes adequados e limpos para as condições atuais do tempo. Você terá uma rotina, algo de que toda criança gosta. Terá alguém nos bastidores incentivando você do começo até o fim. Comemorando, à sua maneira discreta, suas realizações.

A escritora taurina Jodi Picoult gosta de ser mãe. Eis o que ela diz sobre sua filha adolescente:

"Até as adolescentes gostam de abraçar! Ter esse momento de conexão com seus filhos... não há nada como isso. Ontem à noite, minha filha, que tem 16 anos, bateu no colchão de sua cama e disse 'Sente-se aqui, mamãe'. E eu disse: 'O que você quer que eu faça? Ajeite suas cobertas? Dê-lhe um beijo de boa-noite?'. E ela disse: 'Não, venha aqui'. E ela levantou o cobertor para que eu pudesse me aninhar com ela. Para uma moça de 16 anos, isso foi ótimo. Meio que

ficamos sentadas conversando durante algum tempo. Nunca vou me esquecer disso. Da próxima vez, será minha ideia!"

Contudo, se a sua mãe taurina ficar estressada, sua capacidade de ser uma deusa da Terra será reduzida.

Cher, cantora taurina, é mãe de Chastity, uma moça com o Sol em Peixes e a Lua em Virgem. Seu relacionamento deu uma guinada para pior quando Chastity decidiu se transformar em Chaz e fez uma operação de mudança de sexo.

No começo, Cher reagiu mal, mas com o tempo se entendeu com a nova vida da filha. Chaz explicou:

"Para os pais, pode ser uma coisa meio difícil de enfrentar. É um processo de luto por um filho que você perdeu, e de ajuste com o novo que tomou o lugar daquele. Leva muito tempo. Ela está do meu lado – e que aliada eu consegui. Estamos desenvolvendo um novo relacionamento."

Todo taurino detesta mudanças, e as que Cher teve de fazer foram profundas, mas ao longo dos anos ela as aceitou:

"No dia em que conversamos a respeito, conversamos mesmo a sério sobre o assunto. Eu disse 'Se você tem de fazer isso, tem de fazer isso'. Nem sempre consegui manter a calma ao longo do processo, mas naquele dia eu estava bem calma e só pensei 'É isto que tem de acontecer'".

Se a sua mãe é de Touro, lembre-se de que o mundo físico e o mundo da beleza são incrivelmente importantes para ela. Perdi a conta do número de mães taurinas que conheço e que pintam ou exibem alguma forma de criatividade. Geralmente, essa criatividade é deixada de lado enquanto ela constitui família, mas acho que isso não lhes traz felicidade. Se a taurina conseguir combinar a criatividade com a maternidade, ela estará satisfazendo mais plenamente seu caminho de vida.

Seu Pai Taurino

Seu pai taurino será o "Senhor Prático".

Se quiser alguém para consertar, montar ou emendar alguma coisa, seu pai taurino será o melhor. Os homens de Touro adoram ter algo para resolver ou organizar, e ficam muito contentes descobrindo o funcionamento deste mundo complicado em que vivemos. Não espere que seu pai taurino seja hábil com coisas digitais ou relacionadas a computadores, pois, se ele não puder vivenciar fisicamente a experiência, não conseguirá valorizá-la.

Mas coisas como pneus novos para o carro, um aquecedor para a sala ou uma boa camada de tinta no quarto deixam seu pai taurino ocupado.

Temos aqui Lewis, falando sobre suas finanças antes de ter se tornado pai. Ele quer poder *"cuidar financeiramente deste filho até ele poder cuidar de si mesmo sozinho"*.

Isso é uma coisa com a qual ele lida facilmente.

Avaliando sua situação financeira:

"Sou o mais classe média possível, talvez esteja até na parte baixa dela. As pequenas extravagâncias da minha vida consistem em umas poucas viagens (uma por ano), alguns canais extras (minha HBO é indispensável), um carro decente, uma casa (que pertence ao banco), sair uma noite por semana, praticar esportes, e uma ou outra com-

♉ Táticas para agradar ♉

pra pessoal abaixo de 30 libras. Nem preciso dizer que, com esse estilo de vida, vivo praticamente de um salário para outro. Não tenho muitas dívidas, mas não tenho tanta margem para respirar quanto gostaria.

Bem, estou realmente começando a pensar nas minhas finanças. Já avaliei meu estilo de vida e estou fazendo algumas mudanças. Mas o fato é que vou precisar cuidar financeiramente de meu bebê durante toda a vida dele, ou até ele poder se sustentar sozinho. E com o exemplo dado por alguns amigos, dos quais alguns ainda moram com os pais já com quase 30 anos, a data para se mudarem não virá tão cedo. Isso não os está abatendo. É apenas a realidade da época em que vivemos.

Não quero esperar até que as soluções apareçam. Pensei nisso e eis o que quero fazer com minhas finanças, no mínimo:
- *Não ter dívidas de cartão de crédito*
- *Deixar pelo menos 1.000 libras na conta-corrente*
- *Pelo menos 1.000 libras numa poupança*
- *Ter todas as compras de produtos para o bebê pagas (berço, carrinho, bebê-conforto para o carro etc.)*
- *Um plano de poupança para o bebê."*
- *Parece simples, não? Devagar. Algumas despesas estão previstas, como gasolina, prestações da casa, aquecimento e assim por diante. Mas as despesas inesperadas aparecem o tempo todo: impostos, consertos no carro ou na casa, despesas médicas, casamentos, enterros etc. O mundo está cheio de pequenos e adoráveis gastos que não prevemos. Além disso, nunca disse que era um mago das finanças, e não acredito que terei um grande aumento de salário no meu emprego.s*

Por isso, vou falar com um consultor financeiro para ver quantos coelhos consigo pegar com uma só paulada. Espero que ele consiga fazer com que minha família e eu entremos nos trilhos sem que eu tenha de conseguir um segundo emprego.

Depois que o bebê chegou, após um parto traumático, sua postura mudou, e ele passou do planejamento financeiro para a preocupação com o bem-estar do bebê.

"Assim que aquele bebezinho, minha filha, apareceu chorando, respirando, linda, com dez dedos nas mãos e dez nos pés, eu consegui respirar aliviado. Fiquei encantado, e ainda estou. É a coisinha mais perfeita que já vi, e ajudei a fazê-la. Naquele momento, soube que era minha, e que nada de ruim iria acontecer com ela novamente."

Costumo me perguntar se os filhos das pessoas que postam esse tipo de coisa na Internet vão ler o que seus pais escreveram enquanto eles ainda estavam no útero.

Aposto que essa bebê ficará surpresa com a preocupação financeira que seu pai teve para que ela nascesse, pois, no dia do nascimento, a corrida ao hospital e o parto traumático com a possibilidade de que ela e a mãe não sobrevivessem, quase eliminaram aquela preocupação.

Eis o que Nadine, pisciana e praticante de magia branca, diz sobre o que significou ter um pai taurino. Como já vimos, seu marido também é de Touro.

Crescer com um pai taurino:

"Ter um taurino como pai é ótimo se você deseja conselhos como os de Salomão – meu pai sempre procurava o equilíbrio ideal entre incentivar-me nas minhas metas e fazer o papel de advogado do diabo para ver se eu estava realmente interessada!

Nossa casa era definitivamente o castelo de papai – amigos ou namorados não podiam ir ao andar de cima, que era território particular! Do lado positivo, ele sempre recebia muito bem os amigos e visitantes, contava algumas piadas e procurava agradar, e nunca envergonhou a sensível adolescente pisciana!"

O pai e a mãe de Nadine são de signos de Terra (sua mãe é de Capricórnio), e por isso Nadine foi rodeada por energias práticas e terrenas, o que manteve sob controle sua suavidade pisciana.

Seus Irmãos Taurinos

Como disse antes, se quiser se entender com alguém, é útil ter os mesmos elementos, ou então complementares. Se você tem um irmão ou uma irmã de Touro e seu signo é de Terra ou de Água, vão se entender muito bem.

Como disse antes, se o seu signo for de Fogo ou de Ar, podem surgir desentendimentos. Mas uma coisa é certa: não pegue emprestados seus brinquedos e nem invada seu espaço.

O taurino gosta de se cercar em casa com coisas que lhe dão segurança, na forma de roupas, objetos, alimentos, ferramentas e equipamentos necessários para seus passatempos, e se você por brincadeira mexer neles, ou usá-los sem permissão, vai gerar muitos conflitos.

Se vocês tiverem de compartilhar o mesmo quarto, deixe claramente estabelecido o que é de quem e o lugar de cada coisa. Lembre-se de que você está lidando com um signo de Terra. Com alguém que vive neste nosso maravilhoso planeta e que gosta de se conectar de forma prática com tudo o que ele pode oferecer. O taurino não se interessa muito por suas ideias ou seus pensamentos. Ele está muito mais preocupado com suas ações.

Você se lembra do velho ditado "As ações falam mais alto do que as palavras?". Deve ter sido inventado por um taurino!

Marianne fala das coisas que aprecia em seu irmão mais velho, um taurino:

> *"Vou ficar piegas por alguns instantes. Hoje, 19 de maio, é aniversário de meu irmão mais velho. Acredito que meu irmão incorpora todas as qualidades positivas do taurino: suave, atencioso, protetor, engraçado, tranquilizador etc.*
>
> *Mas ele também pode ser muito teimoso. Entretanto esse é o motivo pelo qual gosto tanto dos taurinos. Ele ajudou a me criar quando meu pai não estava em casa, e hoje ele é um pai maravilhoso. Às vezes, brinco dizendo que se eu conseguir encontrar um sujeito que seja metade do que meu irmão é, estarei bem contente. Por isso, desejo a meu irmão de cabeça de touro um feliz aniversário de 29 anos e felicidade pelos outros que virão."*

Obviamente, a capricorniana Marianne tem um bom relacionamento com o irmão. Nem todos se entendem tão bem quanto eles, mas, se você levar em conta as sugestões que apresentei antes, vão se entender bem. Se o seu signo for de Fogo ou de Ar, tome cuidado para não passarem muito tempo juntos, pois do contrário vão começar a se irritar.

Espero que você tenha gostado de ler sobre o segundo signo do Zodíaco e de conhecê-lo melhor. Espero que tenha conseguido montar um mapa astral usando o site astro.com. Espero ainda que este livro tenha despertado o seu interesse por um dos mais antigos métodos divinatórios do mundo.

♉ Táticas para agradar ♉

Desejo-lhe sucesso em sua jornada pela vida. Se todos nós nos entendêssemos melhor, o mundo seria um lugar mais feliz.

♉ Informações sobre mapas astrais ♉ e dados de nascimento

(do astro-databank em www.astro.com e do www.astrotheme.com)

Sem Dados de Nascimento Precisos (Falta o Horário)

Florence Nightingale, 12 de maio de 1820, Florença, Itália, Sol em Touro, Lua em Touro.

Anthony Trollope, 24 de abril de 1815, Londres, GB.

Enya, Eithne Ní Bhraonáin, 17 de maio de 1961, County Donegal, Irlanda, Sol em Touro, Lua em Gêmeos.

David Servan-Schreiber, 21 de abril de 1961, Hauts-de-Seine, França, Sol em Touro, Lua em Câncer.

Adele, 5 de maio de 1988, Londres, Sol em Touro, Lua em Sagitário (Sol em conjunção com Júpiter).

Ascendente

Sue Grafton, 24 de abril de 1940, Louisville, Kentucky, EUA, 16h10, Ascendente em Áries, Sol na 1ª casa, Lua em Sagitário.

George Lucas, 14 de maio de 1944, Modesto, CA, EUA, 5h40, Ascendente em Touro, Sol na 1ª casa, Lua em Aquário.

Michele Pfeiffer, 29 de abril de 1958, Santa Ana, Califórnia, EUA, 8h11, Ascendente em Gêmeos, Sol na 11ª casa, Lua em Virgem.

James M. Barrie, 9 de maio de 1860, Kirriemuir, Escócia, GB, 6h30, Ascendente em Câncer, Sol na 11ª casa, Lua em Capricórnio.

Al Pacino, 25 de abril de 1940, Manhattan, Nova York, EUA, 11h02, Ascendente em Leão, Sol na 10ª casa, Lua em Sagitário.

Shirley MacLaine, 24 de abril de 1934, Richmond, VA, EUA, 15h57, Ascendente em Virgem, Sol na 8ª casa, Lua em Virgem.

Harper Lee, 28 de abril de 1926, Monroeville, AL, EUA, 17h25, Ascendente em Libra, Sol na 7ª casa, Lua em Escorpião.

Sigmund Freud, 6 de maio de 1856, Pribor, República Checa, 18h30, Ascendente em Escorpião, Sol na 7ª casa, Lua em Gêmeos.

Leonardo da Vinci, 14 de abril de 1452 (calendário juliano), Vinci, Itália, 21h40, Ascendente em Sagitário, Sol na 5ª casa, Lua em Peixes.

Malcolm X, 19 de maio de 1925, Omaha, NE, EUA, 22h25, Ascendente em Capricórnio, Sol na 5ª casa, Lua em Áries.

Elizabeth II, rainha da Inglaterra, 21 de abril de 1926, Londres, Inglaterra, 2h40, Ascendente em Capricórnio, Sol na 4ª casa, Lua em Leão.

Karl Marx, 5 de maio de 1818, Trier, Alemanha, 2h, Ascendente em Aquário, Sol na 3ª casa, Lua em Touro.

♉ Informações sobre mapas astrais e dados de nascimento ♉

Lua

Stevie Wonder, 13 de maio de 1950, Saginaw, MI, EUA, 16h15, Ascendente em Libra, Sol na 8ª casa, Lua em Áries.

Katharine Hepburn, 12 de maio de 1907, Hartford, CT, EUA, 17h47, Ascendente em Escorpião, Sol na 7ª casa, Lua em Touro.

Barbra Streisand, 24 de abril de 1942, Brooklyn, Kings County, NY, EUA, 5h08, Ascendente em Áries, Sol na 1ª casa, Lua em Leão.

Pete Townshend, 19 de maio de 1945, Londres, Inglaterra, GB, 15h, Ascendente em Virgem, Sol na 9ª casa, Lua em Virgem.

Jordan Knight, 17 de maio de 1970, Worcester, MA, EUA, 4h50, Ascendente em Touro, Sol na 1ª casa, Lua em Libra.

Bono (Paul David Hewson), 10 de maio de 1960, Dublin, Irlanda, 2h, Ascendente em Capricórnio, Sol na 4ª casa, Lua em Escorpião.

Andy Murray, 15 de maio de 1987, Glasgow, Escócia, GB, 14h10, Ascendente em Virgem, Sol na 9ª casa, Lua em Sagitário.

David Beckham, 2 de maio de 1975, Londres, Inglaterra, GB, 6h17, Ascendente em Touro, Sol na 12ª casa, Lua em Capricórnio.

Orson Welles, 6 de maio de 1915, Kenosha, WI, EUA, 7h, Ascendente em Gêmeos, Sol na 11ª casa, Lua em Aquário.

Casas

Barry Crump, 15 de maio de 1935, Papatoetoe, Nova Zelândia, 3h, Ascendente em Áries, Sol na 2ª casa, Lua em Libra.

Robert Browning, 7 de maio de 1812, Camberwell, Inglaterra, GB, 22h, Ascendente em Sagitário, Sol na 6ª casa, Lua em Áries.

Joanna Lumley, 1º de maio de 1946, Srinagar, Índia, 19h30, Ascendente em Escorpião, Sol na 7ª casa, Lua em Touro.

Salvador Dalí, 11 de maio de 1904, Figueras, Espanha, 8h34, Ascendente em Câncer, Sol na 10ª casa, Lua em Áries.

William Lilly, 1º de maio de 1602 (calendário juliano), Diseworth, Inglaterra, GB, 2h, Ascendente em Peixes, Sol na 3ª casa, Lua em Capricórnio.

Immanuel Kant, 22 de abril de 1724, Konisberg/Ostpreussen, Alemanha, 5h, Ascendente em Touro, Sol na 12ª casa, Lua em Áries.

♉ Informações adicionais ♉

The Astrological Association: www.astrologicalassociation.com
The Bach Centre, The Dr Edward Bach Centre, Mount Vernon, Bakers Lane, Brightwell-cum-Sotwell, Oxon, OX10 0PZ, GB – www.bachcentre.com
Site ético de namoro: www.natural-friends.com
Comunidade Espiritual no norte da Escócia – www.findhorn.org

☿ Notas ☿

1. Christopher McIntosh, *The Astrologers and Their Creed: An Historical Outline*, Arrow Books, Londres, 1971.
2. Nicholas Campion, *The Dawn of Astrology, Volume 1: The Ancient and Classical Worlds*, Continuum Books, Londres, 2008. www.continuumbooks.com.
3. Diane Wolkstein e Samuel Noah Kramer, *Inanna, Queen of Heaven and Earth: Her Stories and Hymns from Sumer*, Harper Perennial, Nova York, 1983.
4. Paul Sutherland, *Essential Astronomy: A Beginner's Guide to the Sky at Night*, Igloo Books, 2007.
5. Clare Gibson, *The Handbook of Astronomy: Guide to the Night Sky*, Kerswell Books, 2009.
6. http://www.gutenberg.org/ebooks/1045.
7. Ver nota 2.
8. Colin Evans, *The New Waites Compendium of Natal Astrology*, editado por Brian E. F. Gardener, Routledge and Kegan Paul, Londres, 1967.
9. Ver nota 8.
10. Caroline Casey, *Making the Gods Work for You: The Astrological Language of the Psyche*, Three Rivers Press, 1999.

11. Bil Tierney, *All Around the Zodiac: Exploring Astrology's Twelve Signs*, Llewellyn Publications, 2001.
12. Felix Lyle e Brian Aspland, *The Instant Astrologer*, Judy Piakus Publishers, Londres, 1998.
13. Rae Orion, *Astrology for Dummies*, IDG Books Worldwide, Inc., Foster City, CA, 1999.
14. http://en.wikipedia.org/wiki/Sigmund_Freud#Escape_from_Nazism.
15. http://nursingplanet.com/Nightingale/taking_food.html.
16. http://en.wikiquote.org/wiki/Leonardo_da_Vinci.
17. http://www.guide2bristol.com/news/1865/Bristol-RWAartist-interview-David-Shepherd.
18. Ver nota 17.

PRÓXIMOS LANÇAMENTOS

Para receber informações sobre os lançamentos da
Editora Pensamento, basta cadastrar-se no site:
www.editorapensamento.com.br

Para enviar seus comentários sobre este livro,
visite o site
www.editorapensamento.com.br
ou mande um e-mail para
atendimento@editorapensamento.com.br